LES JEUX
DE NOTRE ENFANCE

LES JEUX DE NOTRE ENFANCE

NICOLE MASSON

chêne

LA RÉCRÉ

DIMANCHE DE PLUIE

JOUR DE FÊTE

LE TEMPS DES VACANCES

TU VIENS JOUER ?

INTRODUCTION

« L'enfant qui ne joue pas n'est pas un enfant, mais l'homme qui ne joue pas a perdu à jamais l'enfant qui vivait en lui et qui lui manquera beaucoup », écrivait le poète Pablo Neruda. Le jeu est l'élément indispensable à l'heureux épanouissement de l'enfant, lui permettant de multiplier les expériences, de développer son imagination et de dépenser toute son énergie. Les jeux de notre enfance nous marquent pour toujours. Bien sûr, au fil des siècles, les jeux ont évolué, connu des modes, mais, au fond, les variations restent minimes : l'univers du jeu tourne toujours autour des mêmes activités.

Vous vous reconnaîtrez forcément dans ces pages heureuses de notre enfance que nous vous invitons à feuilleter avec nous, pages marquées par des jeux enfouis dans votre mémoire et qu'un détail va faire resurgir : un refrain, un lieu, un nom, et ce sont des heures de bonheur qui affleurent et refont surface… Tous les pédagogues vous le diront, c'est à travers le jeu que l'enfant acquiert tous les apprentissages qui lui seront nécessaires dans sa vie future : l'adresse et l'équilibre, la coordination des gestes, la mémoire, l'observation, le langage, l'aptitude à raisonner, déduire, penser, la valeur des échanges et le rapport aux autres, qu'il soit harmonieux ou conflictuel. Mais, la magie de tout cela, c'est que l'enfant ne s'en rend même pas compte et qu'il assimile tout de la manière la plus facile, car la plus agréable et la plus ludique !

DOUBLE PAGE PRÉCÉDENTE : ***Les Jeux d'enfants*****, édités par la Phosphatine Falières vers 1920. « En voyage, les chevaux à bascule », dessin de Lobrichon.**

PAGE DE GAUCHE : Imiter les adultes reste le jeu préféré de enfants. Bottes démesurées, pipe, et on se croit déjà comme papa…

CI-DESSUS : Petites filles jouant à l'institutrice avec leurs poupées. Carton publicitaire pour les Galeries Lafayette, XIXe siècle.

Le monde des « petits d'homme » est avant tout un monde de rôles à tenir. On va jouer à faire semblant, jouer à copier les adultes et notamment les parents. Ce seront d'abord des attitudes, des paroles, des mimiques reprises aux parents qui prêtent souvent à rire car elles sont mal adaptées aux circonstances, un peu comme lorsqu'une petite fille essaie de marcher avec les talons aiguilles de sa maman… On sait bien que les enfants peuvent du coup, par cette simple faculté d'imitation, révéler à des étrangers tout ce qui se passe chez eux ! Mais ce principe même est nécessaire à l'apprentissage. L'enfant ne demande qu'à apprendre à faire comme ses parents, regarde, écoute et rêve du jour où il sera lui-même adulte : « Quand je serai grand… » est le sésame qui ouvre toutes les portes de l'imagination. Ce temps mythique de l'âge adulte où tout devient permis, il n'y a que les enfants pour croire qu'il adviendra un jour…

Alors, en imaginant ce jour béni où il n'en fera qu'à sa tête, l'enfant fait semblant et mime toutes les fonctions qu'il voit occupées par des gens importants. Il joue d'abord au papa et à la maman, avec ses poupées, en empruntant les vêtements et accessoires de ses parents, un chapeau, un parapluie, des chaussures… Il joue au docteur ou au vétérinaire, surtout s'il a reçu à Noël une petite mallette blanche marquée d'une croix rouge avec un beau stéthoscope à passer autour du cou. Cette fois, c'est au tour du chien : il lui bande la patte, essaie d'écouter son cœur, lui donne un bout de sucre en guise de médicament… Le chat, lui, s'est déjà carapaté sous le lit et refuse tous les soins !

Il joue aussi à la banque ou à la poste, chipe des formulaires mis à la disposition des clients quand il accompagne maman et, pour peu qu'il récupère un vieux tampon encreur, la simulation est parfaite : il ouvre des comptes, envoie des courriers, tient une comptabilité dans un cahier.

CI-CONTRE : « Il n'y a pas de bonne dînette sans causerie, chacun sait cela. » Illustration de Kate Greenaway pour *La Lanterne magique*, par J. Levoisin, fin du XIXe siècle.

PAGE DE DROITE : Nounours est un convive idéal, toujours content et prêt à jouer à la dînette !

PAGE DE GAUCHE : Cet enfant de deux ans lave sa voiture à pédales comme il l'a sans doute vu faire par son père… Gare à l'inondation ! 1960.

Et si on lui offre un petit tableau noir, alors c'est le maître ou la maîtresse d'école qu'imite l'enfant sage. On dispose les poupées, les ours, les peluches de tout poil en rang, et on commence à expliquer comment lire, écrire, compter, en répétant les gestes vus dans la journée à l'école…

L'enfant rêve aussi de pouvoir circuler seul à vélo, sur une trottinette, une patinette, une planche à roulettes et un skateboard, des patins à roulettes ou des rollers ! Quelle sensation de liberté ! Les ballons sauteurs donnent l'impression qu'on s'est transformé en grenouille ou en kangourou : on ne marche plus, on ne court plus, on saute, assis sur son gros ballon ! La voiture à pédales, même si elle ne permet pas une telle mobilité, ajoute cependant plusieurs plaisirs inappréciables : la satisfaction de tenir un volant comme un adulte (et rien n'empêche de faire un bruit de moteur avec sa bouche en même temps que l'on pédale !), mais aussi parfois la joie d'avoir fabriqué soi-même son véhicule avec une caisse, des planches et des roues de récupération, aidé par un grand frère bricoleur. Quelle fierté alors !

Dans les jeux d'imitation, filles et garçons n'ont pas vraiment les mêmes aspirations, même si les classes mixtes et les fratries brouillent un peu la traditionnelle répartition des tâches et des ambitions.

D'après un livre de lecture du XVIIIe siècle, « les petits garçons aiment les fusils, les épées, les chariots, les tambours, les canons, les chevaux, les cerfs-volants, tout ce qui va bien haut, bien loin et qui fait beaucoup de bruit. Les petites filles aiment beaucoup les poupées, les petits ménages. Elles se plaisent à coudre et à balayer ».

Les jouets – qui ne sont pas indispensables, mais qui servent de support à l'imagination et d'accessoires dans les scénarios que l'on peut imaginer – permettent de poursuivre les répartitions ancestrales. Les filles jouent à la dînette, à la marchande, actionnent un mini-aspirateur ou un petit fer à repasser

PAGE DE DROITE :
Les anachronismes n'ont jamais empêché de jouer. Peu importe qu'il soit très improbable de voir un gendarme faire lacirculation pour un cow-boy en voiture sous le regard d'un Apache fumant le calumet de ` la paix...

(définitivement glacé, heureusement), pour « faire comme maman ». Les garçons auront un petit établi en bois avec de faux outils pour bricoler comme papa. On leur offrira un garage, un circuit de voitures. Ils joueront aux pompiers, aux gendarmes et aux voleurs…

Les déguisements sont parfois complémentaires : la princesse sera sauvée du naufrage par un pirate, la squaw avec sa perruque de tresses noires en raphia sera enlevée par le cow-boy… C'est alors tout un univers imaginaire qui s'offre : le lit devient un bateau, le jardin c'est l'Amérique, le dessous d'une table se transforme en château fort, et tout devient possible. L'essentiel est de se raconter des histoires qui font frémir, rêver, partir loin, grandir…

Parfois on va utiliser des marionnettes, des vraies, des belles, achetées dans le commerce, ou bien simplement une vieille chaussette sur laquelle on a dessiné au marqueur deux yeux, un nez et une bouche et qui, passée sur la main, devient un petit personnage passionnant. De simples ombres chinoises devant une lampe le soir peuvent suffire à entraîner dans des aventures palpitantes…

On partage ces jeux imaginaires avec d'autres enfants, frères, sœurs, cousins, voisins, et on joue à la bagarre « pour de rire ». Le matin, avant que les lits soient refaits, grande bataille de polochons ! Attention à ne rien casser ! Mais on est sûr de ne pas se faire mal et d'éclater de rire…

L'extérieur est un autre terrain de jeu, parfois un peu inquiétant car moins familier et moins surveillé, mais ô combien excitant ! Selon les saisons, les jeux que l'on pratique ne sont pas les mêmes : les enfants sont sensibles aux ambiances de chaque moment de l'année, la rentrée, Noël,

Esso

DOUBLE PAGE PRÉCÉDENTE : Le plaisir du déguisement se partage, notamment dans les fêtes champêtres comme celle-ci.

PAGE DE DROITE : *La chasse aux papillons*. Chromo anglaise de la *Gazette des enfants*, 1891.

Pâques, l'été… Et puis il faut tenir compte de la météo. Dès qu'il va pleuvoir, on va pouvoir chercher les grenouilles ou les colimaçons. Une course d'escargots : voilà qui s'improvise facilement et devient absolument palpitant. Muni d'un brin d'herbe, on essaie en vain d'attirer par une supposée gourmandise la bestiole sur laquelle on a parié… Il fait soleil ? Qu'à cela ne tienne, ce sont les lézards et les papillons qu'on va pourchasser, souvent sans succès, même si c'est plus facile avec un filet à papillons qu'à mains nues… ou encore les têtards dans un étang. Bref, on cherche la petite bête ! Et, si on se trouve au bord d'un océan qui se retire, alors la grève, avec ses petits crabes, ses coquillages, ses trous d'eau, ses rochers, devient un univers à explorer.

L'enfant aime récupérer, thésauriser. Petit à petit, il se fait un trésor qu'il serre dans un carton, un sac, une boîte à chaussures… On y trouvera un bric-à-brac parfois peu ragoûtant – maman jetterait bien le tout à la poubelle ! – mais chaque élément du trésor est comme une pièce de collection dans un cabinet de curiosités : il porte le signe de tout un monde. Un galet rapporté de la plage des vacances, un tout petit œuf tacheté d'origine inconnue, une image, un très grand clou tordu trouvé sur un chantier, une jambe de poupée, seul vestige d'un personnage aimé, un autocollant, une décalcomanie, un petit aimant… La liste est longue puisque tout, absolument tout, peut devenir précieux aux yeux d'un enfant. Mais, au cœur du trésor, une place particulière est faite aux billes, qui sont autant un objet de collection qu'un support de jeu.

Il est vrai que l'enfance est une période de collection, et les publicitaires ne s'y trompent pas en proposant des séries de petits objets en cadeau dans bon nombre de produits de première nécessité : le fameux cadeau Bonux, mais aussi les images des chocolats Cémoi ou Suchard,

Qu'a t-il fait pour que tu le tues?
Hélas! Son crime est d'être beau!
Ses pauvres ailes abattues,
Plus riches qu'un royal manteau,
A les briser, tu t'évertues!...

Va, méchant petit brigandeau,
Quand les roses sont revenues,
Ne coupe point la fleur, n'encage pas l'oiseau.

(Bne de Luciolles.)

Des 500 cadeaux BONUX...
pour qui celui-ci ?
BONUX
LA LESSIVE AUX 500 CADEAUX
ENCORE 10 NOUVEAUX CADEAUX de qualité !
d. B 250
500 CADEAUX de qualité !
Quelle chance ! Maman vient d'arriver avec un paquet de Bonux, "la-lessive-aux-500-cadeaux". Voyez aussitôt ces frimousses s'éclairer... Pour qui sera le cadeau cette fois ? Pour Françoise, si c'est la jolie poupée Bonux dont les yeux s'ouvrent et se ferment . Pour l'un de ces jeunes guerriers, si c'est le magnifique arc qui tire de vraies flèches. Ou bien pour Maman, si c'est le filet à provisions si pratique qu'il se met dans une poche .
De toute façon, jouet aujourd'hui, objet utile demain, un cadeau Bonux est un cadeau dont la qualité parfaite fera l'admiration de tous !
ET POUR VOTRE LINGE, LA VRAIE BLANCHEUR DU PROPRE !
En effet, les composants parfaitement équilibrés de Bonux lui assurent un pouvoir actif et pénétrant inégalé. La mousse riche et souple de Bonux s'infiltre dans les moindres fibres de votre linge et en chasse toutes les impuretés. C'est ce qui lui assure cette blancheur éblouissante et unique : la vraie blancheur du propre.
Seul Bonux donne au linge la vraie blancheur du propre

les « magnets » dans les packs de yaourts… Parfois même, l'incitation est directe : les belles images de nos aïeux sont devenues des vignettes Panini à collectionner et troquer, là encore. On conserve ses doubles, on constate (est-ce vrai ?) que certaines sont plus rares que d'autres et elles prennent de la valeur marchande.

Les parents guident parfois le choix de leur progéniture et l'incitent par exemple à garder les timbres et à les placer dans un album. Un oncle voyageur rapporte systématiquement quelques piécettes étrangères de tous ses déplacements. La passion dure parfois et, une fois adulte, on se retrouve philatéliste ou numismate… Mais le plus souvent, dans l'enfance, une passion chasse l'autre et les lubies se succèdent avec à chaque fois la même passion, l'élevage des hamsters détrônant la collection de petites voitures Majorette…

Lorsqu'il fait des bulles de savon, l'enfant peut rester des heures à regarder les sphères irisées s'envoler devant lui, à essayer, en soufflant tout doucement, de produire la plus grande bulle possible, tout en sachant très bien qu'il ne pourra que la regarder exploser finalement. Il fait naître un objet parfait, mais très illusoire. Toutes ces occupations ludiques sont sans règle, c'est ce qui leur donne leur formidable inventivité. Mais l'enfant aime aussi respecter des règles assez strictes, voire s'imposer un règlement complètement arbitraire, et tout devient alors prétexte à jouer selon la règle. Par exemple, il décide que sur son trajet il va marcher au bord du trottoir dallé et qu'il doit absolument éviter de toucher du pied une des lignes au sol, ou bien que le carrelage noir et blanc de la cuisine devient un sol magique et qu'on ne peut absolument pas marcher sur les dalles noires. Les mises en garde signalant la chose aux parents ne servent à rien : décidément ils n'ont rien compris, et peut-être sont-ils un peu fatigués pour se plier de bonne grâce à ces interdits…

PAGE DE GAUCHE : Publicité de 1961 pour la lessive Bonux.

CI-DESSOUS : ***Constellation de la grande ourse*****. Chromo pour le chocolat Suchard, fin du XIXe siècle .**

Nous allons évoquer bien des jeux variés, mais ce qui les caractérise tous c'est qu'ils donnent souvent lieu à des rituels communs : par exemple, les gages infligés aux perdants. Il s'agit souvent d'imposer au malheureux de rester sur un pied un temps donné, d'aller dire une bêtise à un adulte, de subir un pincement, une « frite » qui cingle la cuisse, une tape sur la main… Attention : jeux de mains, jeux de vilains ! Les pleurs ne sont pas loin…

Cependant l'élément du jeu le plus ritualisé est sans conteste la manière de déterminer qui commence et, éventuellement, comment on va constituer des équipes. Certains jeux ne servent pratiquement qu'à cela, comme le fameux chi-fou-mi, autrement dit pierre-papier-ciseaux ou la mourre ou morra… On y joue depuis l'Antiquité romaine, et l'Afrique du Nord a aussi adopté ce jeu.

Les enfants connaissent aussi toutes sortes de comptines pour décider qui s'y colle. On se place en rond, et celui qui récite la comptine touche successivement tous les participants à chaque nouvelle syllabe prononcée. En voici quelques-unes :

– *Un petit cochon pendu au plafond / Tirez-lui la queue, il pondra des œufs / Combien en voulez-vous ?* On dit alors un chiffre et on compte. Par exemple 3 : « 1, 2, 3 » et c'est celui sur lequel on tombe qui est désigné.

– *Une oie, deux oies, trois oies, quatre oies, cinq oies, six oies, c'est toi !*

– *Pouf, Pouf / Am,stram, gram / Pic et pic et colégram / Bourre et bourre et ratatam / Am, stram, gram.*

– *Ça sera toi qui seras le chat / Mais comme le roi et la reine ne le veulent pas / Ça ne sera pas toi.*

Enfin, pour décider des équipes, il reste encore d'autres procédés assez complexes.

La règle du chi-fou-mi

Le jeu se joue à deux joueurs qui se tiennent face à face. Chacun met une main derrière son dos. Au signal donné (en général, on dit « chi-fou-mi »), on tend sa main en lui donnant une des quatre positions suivantes : le puits (la main refermée en cercle entre le pouce et l'index), la feuille (la main à plat), les ciseaux (tous les doigts repliés sauf l'index et le majeur), la pierre (le poing serré). Et on voit qui l'emporte selon des rapports de force à la fois très concrets, et un peu fantaisistes : la pierre aiguise les ciseaux, qui peuvent couper la feuille. La feuille peut recouvrir le puits, qui peut engloutir la pierre comme les ciseaux.

En bref : le puits l'emporte sur les ciseaux et la pierre, mais perd face à la feuille ; la feuille est battue par les ciseaux, mais gagne sur la pierre et sur le puits ; la pierre, perdante face au puits et à la feuille, bat les ciseaux ; les ciseaux l'emportent sur la feuille, mais sont battus par le puits et la pierre.

Si les deux joueurs font le même geste, ils sont ex aequo et l'on recommence.

DOUBLE PAGE PRÉCÉDENTE : Au temps où les bulles de savon se faisaient avec des pipes à bulle et une assiette remplie d'eau savonneuse ! 1912.

PAGE DE GAUCHE : Illustration de Kate Greenaway extraite du livre *Poèmes enfantins*, par Ann et Jane Taylor, 1883.

CI-CONTRE : ***Les Jeux d'enfants*****, édités par la Phosphatine Falières vers 1920. « En voyage, lesmarionnettes », dessin de Lobrichon.**

PAGE DE DROITE : Les vieilles couvertures des premiers magazines pour enfants exhalent un profond sentiment de nostalgie. ***Nos lectures*****, 1er novembre 1908.**

La règle de la mourre
Le jeu se joue à deux joueurs qui se tiennent face à face. Chacun met une main derrière son dos. Au signal donné, on tend sa main en présentant de zéro à cinq doigts tendus et on annonce un chiffre compris entre 0 et 10.
On ajoute alors les doigts tendus des deux joueurs, et celui qui a annoncé le bon total a gagné. On recommence jusqu'à ce qu'il y ait un gagnant ou en convenant d'un score à atteindre. Attention à la triche ! Il est très facile de tendre ou de replier un doigt au dernier moment…

On désigne les deux capitaines (c'est parfois spontané, ce sont les deux plus forts, sans que l'on tire au sort !), puis ils vont se mettre, comme pour un duel, à une certaine distance l'un de l'autre. Là ils vont avancer sur une ligne imaginaire d'un pas chacun à leur tour, l'un prononçant « chou » et l'autre « fleur » ou encore « chewing » et « gum » pour annoncer clairement qu'ils ont fait un pas. Ils vont donc se rapprocher l'un de l'autre. Le but, en réduisant légèrement ses pas ou en les allongeant, est de ne pas se trouver le pied en dessous quand la rencontre se fera… Celui qui l'emporte choisit parmi les joueurs le premier de son équipe, et à tour de rôle ils vont jouer les sélectionneurs… Il est toujours un peu humiliant d'être le dernier sélectionné, c'est-à-dire celui que personne en réalité n'a désigné ! Maintenant que le premier joueur est choisi, suivez-nous dans l'univers des jeux de notre enfance. Jeux de la récréation, des dimanches de pluie, des jours de fête ou du temps des vacances, ils vous rappelleront tant de bons souvenirs…
Et souvenez-vous des expressions d'enfants dans le jeu : « C'est pour de la fausse, c'est pour de faux », « C'est pour de la vraie, c'est pour de vrai », « On va jouer à faire semblant », « Pour dire que tu serais… », « Pan, t'es mort… », « J'vais le dire à… », « C'est de la triche », « C'est pas du jeu », « Croix de bois, croix de fer, si je mens j'vais en enfer… », « C'est celui qui dit, qui y est… », « Cric, crac, j'suis dans ma maison », « Arrêêêête… », « Na ! ».

10 Centimes
1er Novembre 1908.
Numéro 5.
10 Centimes
Nos Lectures
Centenaire de Guignol.
GUIGNOL
A.D.
Marcel Bloch

LA RÉCRÉ

LES JEUX DE BILLES

LA MARELLE

LES JEUX DE CORDE

LES JEUX DE BALLE ET DE BALLON

SAUTE-MOUTON

LES JEUX D'ADRESSE

LES JEUX CALMES

LES RONDES ET CHANSONS

UN, DEUX, TROIS... SOLEIL

DOUBLE PAGE PRÉCÉDENTE : ***La rentrée*. Panneau scolaire des éditions Rossignol, 1954.**

PAGE DE GAUCHE : Accroupis, concentrés, des garçonnets des années 1950 retiennent leur souffle avant la pichenette.

LES JEUX DE BILLES

Trois ou quatre enfants accroupis dans une cour d'école… À quoi peuvent-ils donc bien jouer ? Mais aux billes, voyons !

Jeu de cour de récré par excellence, le jeu de billes est d'abord pratiqué par les garçonnets, mais les filles, souvent entraînées par leurs frères, y ont de tout temps pris part. Depuis la mixité dans les écoles, c'est d'autant plus vrai.

La bille est un des jeux les plus anciens. On en a trouvé dans toutes les civilisations. Le British Museum en expose quelques-unes qui ont plus de 6 000 ans. Les premières billes étaient en terre cuite, mais dès le XVIIe siècle on a commencé à en faire en porcelaine ou en marbre (le nom des billes en anglais est d'ailleurs *marble*). Puis apparurent les billes en verre et en métal, bientôt produites industriellement au XIXe siècle. Et c'est entre 1850 et 1930 que les billes devinrent le jeu de tous les écoliers. Leurs noms font rêver, mais ils recouvrent aussi un vrai barème d'échanges : loupe, loupe fumée, pétrole, terre, plomb, chocolat, araignée, jap', chinoise, agate, galaxie… Jeu des récréations, mais aussi du trajet sur le chemin de l'école, le jeu de billes donne d'abord l'occasion de se constituer un vrai magot composé de mini-billes, billes, calots, boulets, boulards, mammouths, avec encore des dénominations locales ou régionales. Comme nous le rappelle le titre fameux du roman de Joseph Joffo, *Un sac de billes*, on ne conserve pas n'importe comment son stock, on le garde dans une sorte de bourse en tissu ou de filet serré qui permet de ne pas en perdre, ou bien dans un pot de Benco en plastique transparent de récupération.

Les jeux de bille offrent un terrain parfait de socialisation pour l'enfant, qui apprend à respecter une règle, à gérer un stock, à parlementer, troquer, négocier avec les autres. Mais un enfant seul peut aussi s'amuser des heures à faire franchir à sa bille tout un itinéraire, y compris dans la maison, qui se transforme alors en terrain de jeu infini…

Le propre des billes, c'est d'être des objets aux fonctions multiples : non seulement on prouve son adresse en les lançant, mais on les collectionne, on les échange et… on les mise ! Matière, couleur, taille : les billes sont (presque) toutes différentes ! Avec elles, l'enfant apprend la valeur des choses, la monnaie et le commerce !

La règle du pot

Il faut d'abord creuser un trou d'environ 5 cm de diamètre. Selon l'habileté des joueurs, on délimite une ligne de départ plus ou moins éloignée du pot. Le but est double : « caler » ses billes dans le pot et évincer celles des adversaires.

Le premier joueur doit essayer de lancer sa bille dans le pot ; le suivant a le choix : faire de même ou pousser la bille de l'autre si elle n'est pas entrée dans le pot directement (ou faire les deux en même temps !). Le jeu connaît nombre de variantes dans le décompte de points. On peut calculer des scores (par exemple 10 points par bille entrée dans le pot) ou gagner directement des billes.

CI-CONTRE : Chromo publicitaire pour les magasins La Belle Jardinière, vers 1900. On notera les sacs de billes précieusement conservés sur soi.

PAGE DE DROITE : Illustration extraite du livre *Jeux*, par Marie-Madeleine Franc-Nohain, 1934.

La règle de tique-et-patte
On lance une bille, puis l'adversaire lance la sienne : s'il « tique » (touche) la première bille, il en gagne deux. Mais, s'il ne la touche pas, et qu'il a envoyé sa bille à une distance inférieure à une « patte », c'est-à-dire l'empan d'une main bien écartée, il en gagne une. Et on inverse l'ordre des joueurs. Que de contestations et de disputes !

Il suffit d'assister au troc de deux enfants pour se rendre compte qu'ils recréent des rites, du marchandage, qu'ils pratiquent sans le savoir le don et le contre-don que décrivent les ethnologues à propos de tribus lointaines… La diversité de taille des billes et de leur matière fait que certaines sont réservées aux pichenettes parce qu'elles sont plus légères. Les plus lourdes, calots et boulets, sont plutôt lancées comme on le ferait avec un palet ou une boule.

Selon les jeux, l'objectif varie et parfois il est double : se rapprocher d'un but (une cible, un trou, un mur) et empêcher les autres de le faire en les délogeant. Nous allons le voir dans le détail en évoquant les jeux les plus répandus auxquels s'adonnent les enfants. Mais, si les spécialistes ont pu dénombrer jusqu'à 87 jeux de billes différents, nous nous contenterons de quelques-uns…

Les plus jeunes, et peut-être les plus imaginatifs, aiment se constituer, dans le sable, la terre ou les graviers, un parcours avec des montées, des descentes, des obstacles. Il va falloir chacun son tour, à l'aide d'une pichenette, qu'on appelle aussi une « poussette », faire traverser sa bille. Le jeu le plus simple de ce type est « l'œil du serpent » : on dessine dans le sable une piste sinueuse qui se termine par un trou (l'« œil ») ; en partant de la « queue » du serpent, il faut arriver dans l'œil en donnant le moins de pichenettes possible. Parfois le jeu devient « Tour de France », car on a placé des étapes à atteindre à l'aide de petits piquets, et on utilise des petites figurines de cyclistes en plastique ou en métal pour marquer l'endroit où est parvenue la bille. Si on fait sortir un adversaire du parcours, il repart au début.

Autre jeu très répandu : le pot. Déjà les Romains jouaient à un peu assez proche. Le principe consiste à envoyer ses billes dans un trou mieux que son adversaire. Mais, parfois, les règles sont plus complexes : l'un des joueurs peut être désigné comme le caissier ou l'entrepreneur, c'est-à-dire le propriétaire du pot. L'autre lance une poignée de billes (une « bloquette ») dans le pot : si les billes entrées dans le pot sont en nombre pair, il en gagne le double ; si elles sont en nombre impair, il les donne au caissier.

Le jeu de tique-et-patte permet de jouer tout en avançant : c'est très utile sur le chemin de l'école !

CI-CONTRE : Une partie de jeu de billes selon la règle du triangle. C'est sans doute l'heure des comptes ! Chromo, vers 1900.

PAGE DE DROITE : En sortant de l'école, la rue est un bon terrain pour jouer aux billes. Vers 1940.

Loulou, vêtu d'un costume de velours noir uni sur lequel tranchait la blancheur d'un col Danton, lui dit en tapant sur un sac de billes à cordonnet : « On fait une partie ? Je t'en prête cinq… » Ils se déplacèrent en sautant à pieds joints par petits coups et entreprirent au milieu de la rue une partie de « tique et patte », jetant à chacun son tour les billes, qui s'immobilisaient vite parmi les courtes herbes entre les pavés. De temps en temps, l'un d'eux, ayant bien visé, criait : « Y'a patte ! » et l'autre répondait : « Des clous, oui ! » ou bien : « Des queues, Marie ! » Le premier, alors, écartait les doigts entre les deux billes pour montrer que l'espacement correspondait aux règles. Ou bien, on « tiquait », levant la bille pincée entre le pouce et l'index arrondis en forme de monocle à hauteur de l'œil droit, visant bien et la laissant retomber sur l'autre. Olivier perdit les cinq billes prêtées et se lassa du jeu […].

(Robert Sabatier, *Les Allumettes suédoises*, extrait du chapitre 4.)

Un autre type de jeu connaît de multiples variantes : il peut s'appeler le carré, le triangle ou la rangette. Il s'agit pour commencer de rassembler les billes qui seront misées, puis de les faire sortir d'un espace délimité en les frappant avec d'autres billes.

Le jeu de la pyramide lui ressemble beaucoup, mais on fait au début une pyramide de billes entassées soigneusement au lieu de les poser à plat sur le sol.

Citons encore tous les jeux qui vont utiliser pour point d'appui un mur, comme la tapette. Il faut alors lancer la bille sur le mur d'abord pour que, par rebond, elle touche ensuite une autre bille : si le joueur y parvient, il empoche la bille tapée.

Les plus grands s'adonnent aussi à des jeux plus stratégiques appelés la ville ou la citadelle. Sans entrer dans les détails, qui varient beaucoup d'un groupe de joueurs à un autre, une fois qu'on est entré dans la ville avec une de ses billes (souvent un simple trou, comme pour le pot, mais parfois presque un château de sable plus ou moins sophistiqué), on va devoir la défendre contre les autres en leur interdisant l'accès et en les éjectant loin du but.

Une des règles du triangle

On trace au sol un triangle en rapport avec le nombre de joueurs. Chacun donne le même nombre de billes, que l'on dispose dans ce triangle. À tour de rôle, munis d'une grosse bille à « caler », les joueurs vont lancer pour désorganiser les billes et les faire sortir du tracé. Ils gagnent toutes celles qui sortent. Attention, si la bille à caler reste dans le triangle, on a des pénalités.

LA MARELLE

Quoi de plus simple en apparence que ces lignes tracées à la craie sur le sol d'une cour d'école ou marquées par un trait de bâton dans la terre d'un square et qui forment une marelle ? Tous les enfants connaissent le tracé et s'appliquent à marquer des lignes bien nettes et bien droites. Car c'est à partir de ces cases dessinées que s'édicte la règle : la principale faute consiste à toucher du pied une des lignes dans ses déplacements…

Les origines de la marelle sont controversées, même si l'étymologie du mot est, elle, tout à fait claire. L'origine est l'ancien mot « méreau » ou « mérel », qui signifie palet. Car, pour jouer à la marelle, il ne suffit pas de lignes et de pieds : la plupart du temps un accessoire est requis, un palet ou plutôt une petite boîte en fer lestée de sable et qui, à force d'être usée par les frottements, va glisser parfaitement sur le sol. Les plus anciens se rappellent des boîtes de pastilles médicinales Kalmine, bleues avec des pastilles blanches dessinées, qui étaient idéales, ou bien de boîtes de cirage, de marrons d'Inde, ou de petites pierres amoureusement choisies pour leur forme déjà polie…

Les Chinois jouaient semble-t-il à un jeu approchant. Ce fut aussi un jeu de soldats désœuvrés et de laquais attendant leurs maîtres à la porte d'une maison. Sans doute pratiquait-on des jeux de ce type depuis le Moyen Âge, mais c'est à partir du XVIIe siècle que la marelle à cloche-pied est dûment répertoriée.

Sous son apparence anodine, la marelle est un jeu sérieux qui permet aux enfants de faire l'apprentissage du contrôle de leurs mouvements. Jeu d'équilibre (sur un pied), jeu de précision (ne pas toucher les lignes, envoyer le palet sur les bonnes cases), c'est aussi une initiation spirituelle dont ne se doutent pas les pratiquants ! Terre, ciel, lune, enfer, paradis, reposoir, flammes : tels sont les noms de certaines cases, parfois renommées plus prosaïquement culotte, bouillon, marchand de vin… Mais, dans tous les cas, l'itinéraire figure l'homme qui cherche son salut. S'il faut rester à cloche-pied, c'est que le pauvre pécheur est nécessairement boiteux. Le palet qu'il pousse du pied de la terre au paradis, en essayant d'éviter l'enfer, représente son âme …

PAGE DE GAUCHE : Même un trottoir sur le chemin de l'école devient très vite un espace de jeu pour la marelle. Vers 1970.

La règle

On trace d'abord la marelle sur le sol, selon la figure choisie. Il faut prévoir des cases assez grandes pour que l'on puisse s'y tenir facilement sur un pied. Puis chacun prend son palet, sa boîte ou son caillou, c'est-à-dire sa « marelle ». Le principe est de lancer cet objet dans une case dans l'ordre des numéros, de s'y rendre à cloche-pied, puis de sortir la marelle en suivant le chemin inverse.

Il ne faut jamais entrer dans l'enfer, ni avec sa marelle, ni avec son pied, sous peine de tout reprendre depuis le début. Dans le reposoir, on peut mettre les deux pieds à terre. Au dernier coup, on lance la marelle dans le paradis. On s'y rend à cloche-pied et, pour gagner, on doit faire sortir la marelle d'un seul coup de pied qui franchit toutes les cases intermédiaires en une seule fois. Toute erreur (marelle dans une autre case, sur un trait, dans l'enfer, pied sur une ligne, perte d'équilibre, etc.) fait passer son tour au joueur. Il reprendra là où il en était resté.

T Lobrichon

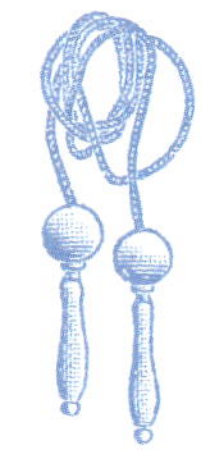

LES JEUX DE CORDE

Les enfants n'ont pas besoin de beaucoup d'accessoires pour inventer des jeux et pour s'en délecter des heures durant… Une simple corde et voilà des jeux solitaires ou conviviaux en grand nombre.

Rappelons que ce qu'on appelle la grosse corde est un jeu de force où deux équipes s'affrontent en tirant de part et d'autre pour attirer l'autre camp vers soi. Ce n'est pas un exercice spécifiquement enfantin, même si on voit des garçonnets s'entraîner à ce jeu.

Curieusement, dans les cours de récréation, ce sont surtout les filles qui jouent à la corde à sauter, alors qu'elle représente l'entraînement de base cardio-vasculaire des boxeurs professionnels ! Mais, évidemment, elles n'y jouent pas tout à fait avec le même acharnement, même si ce jeu les passionne…

La corde à sauter est d'abord un jeu solitaire, avec une petite corde qu'on fait tourner en évitant de se prendre les pieds dedans : il faut être souple et un peu concentré. Les Canadiens l'appellent « corde à danser ». Le choix de la corde est important : elle ne doit pas être trop raide, et il faut plutôt éviter les cordes tout en plastique. Souvent, les poignées se dévissent ou se démontent afin qu'on puisse changer la corde tout en conservant la poignée à laquelle on a fini par s'attacher parce qu'on la maintient bien en main.

Les figures peuvent être variées : vers l'avant, vers l'arrière, en croisant les bras et en les décroisant aussi vite – figure que l'on appelle croix de Malte ou croix de chevalier. On peut sauter sur place ou avancer au pas, ou même courir en sautant. On peut sauter d'un pied sur l'autre, en coordonnant les mouvements. Parfois, on ajoute même des fioritures en faisant passer la corde une fois à droite, une fois à gauche, entre deux sauts classiques.

Suprême complication : après avoir bien pris le rythme, avec une corde confortable, la fillette invite une de ses compagnes à entrer au bon moment, quand la corde est en haut, pour sauter ensuite ensemble, face à face.

PAGE DE GAUCHE : ***Les Jeux d'enfants*****, édités par la Phosphatine Falières vers 1920. « Fillettes jouant à la corde à sauter », dessin de Lobrichon.**

CI-CONTRE : La grande corde à sauter et le jeu de la petite corde. D'après une gravure du premier Empire.

PAGE DE DROITE : En plein effort, la concentration se lit sur le visage de l'enfant. 1973.

La corde à sauter peut aussi devenir un jeu collectif où il faut être au moins trois. Deux enfants tiennent chacun une extrémité de la corde, la font tourner, et les autres entrent ensuite dans le jeu, éventuellement en faisant la queue s'ils sont nombreux… Ce sont les tourneurs qui donnent le rythme au jeu : s'ils tournent lentement, on dit qu'ils font l'huile ; s'ils accélèrent, ils font le vinaigre ; s'ils changent le sens en cours de route, c'est la salade ! Il faut également être capable de sortir du jeu sans interrompre le mouvement harmonieux de la corde.

Enfin, dernier jeu collectif de corde : le moulinet ou le coupe-jarret. Le jeu consiste à prendre une des extrémités de la corde et à la faire tourner à une vingtaine de centimètres du sol. Les enfants sont en cercle autour du tourneur et doivent sauter quand la corde arrive devant eux. Gare aux coups cinglants sur les chevilles pour celui qui n'est pas dans le rythme ! Il sort alors du jeu, qui se poursuit jusqu'à ce qu'il n'en reste plus qu'un en piste. Pour ce jeu, garçons et filles se retrouvent.

Parmi les jeux de corde, on peut classer le jeu à l'élastique, qui a fait son apparition dans les années 1950-1960 en France. Rappelons de quoi il s'agit : on prend un gros élastique de couture d'environ 2 m dont on noue les deux bouts ensemble. Deux enfants se font face en passant l'élastique derrière leurs chevilles, avec les pieds un peu écartés, et un troisième enfant va venir sauter au milieu en faisant des figures. Selon les cas, il faudra avoir un pied de chaque côté de l'élastique, ou au contraire croiser les pieds, marcher sur l'élastique, etc. On parlera alors de pied serré, un pied, en bas, grand écart, sous fesse… Et le jeu se corsera peu à peu quand l'élastique montera selon une progression codifiée : cheville, genoux, cuisses, taille, aisselles, voire cou ! Autant de règles que de cours d'école… Depuis une vingtaine d'années, on peut aussi trouver dans le commerce des élastiques tout faits, enroulés sur des supports colorés servant à les ranger. C'est dire le succès non démenti depuis plusieurs décennies de ce jeu de cour de récré.

Paroles de comptine pour jouer à la corde : *À la soupe-soupe-soupe / Au bouillon-ion-ion / La soupe à l'oseille-zeille-zeille / C'est pour les demoiselles-zelles-zelles / La soupe à l'oignon-gnon-gnon / C'est pour les garçons-son-son.*

ARITHMETIQUE

LES JEUX DE BALLE ET DE BALLON

Avec les jeux de ballon, nous touchons à une des bases des jeux d'enfants. Dès son plus jeune âge, l'enfant s'émerveille de tenir entre ses bras un ballon de baudruche, de l'envoyer en l'air, de le voir redescendre, rebondir… Il peut jouer longtemps seul ainsi… Par la suite, il apprend à le lancer vers un adulte, très maladroitement d'abord, puis avec de plus en plus d'adresse, et il voit le ballon lui revenir, pour qu'il puisse le relancer… Ça y est : l'échange est né.

C'est ainsi que les jeux de balle et de ballon vont occuper toute l'enfance et l'adolescence d'un individu, et parfois même continueront à lui procurer, une fois qu'il sera devenu adulte, des distractions régulières sous forme de sport (tennis, football, etc.).

Mais attachons-nous aux jeux des cours de récréation, qui permettent aux enfants de se défouler comme de montrer leur adresse physique.

Le jeu collectif le plus répandu est bien entendu la balle au prisonnier, ou « balle au priso' ». Il faut pour cela un ballon pas trop dur, car on va chercher à toucher les adversaires avec ! Il faut aussi un terrain délimité dans la cour, en deux parties tracées à la craie sur le sol, avec une prison à l'arrière de chaque camp. On forme des équipes, et c'est parti !

On peut citer un autre jeu, la tomate, qui plaît aux amateurs de foot avec son but à défendre, mais qui est totalement statique. Dans certaines écoles et certains collèges, on a aussi pratiqué la pelote à main nue, sorte de pelote basque sans la chistera. On pourrait penser que ce sont des particularités du Sud-Ouest, mais, à une époque, les frontons pour jouer à la pelote existaient un peu partout, à La Rochelle, par exemple, ou même au lycée Henri-IV à Paris. Il s'agit presque d'un sport, mais qui était pratiqué sur les temps de récréation.

La règle de la balle au prisonnier

Deux équipes d'une dizaine d'élèves chacune peuvent s'affronter. Le but consiste à toucher un des adversaires avec le ballon sans qu'il l'attrape. Il est interdit de sortir des limites de son camp et de viser la tête. Et, si la balle touche terre avant de toucher l'adversaire, cela ne compte pas. Dès que quelqu'un est touché, il part en prison, derrière le camp de ses adversaires. Son équipe va alors essayer de lui passer le ballon sans que celui-ci soit intercepté par l'autre camp : il pourra alors se libérer en frappant à son tour un membre de l'équipe adverse avec le ballon. À la fin du temps de la récréation, l'équipe qui a fait le plus de prisonniers a bien entendu gagné.

PAGE DE GAUCHE : Jongler avec les chiffres comme on jongle avec une balle… le rêve ! Chromo des années 1880-1889.

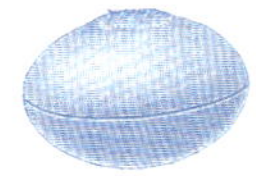

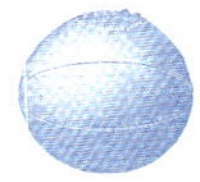

À GAUCHE : Un ancêtre un peu sommaire du jokari, le jeu de la balle tordue.

PAGE DE DROITE : Les jeux de ballon et de jonglerie appartiennent aussi au monde du cirque, que les enfants aiment tant. Carte postale de 1904. Chromo publicitaire de 1900-1909.

La règle de la tomate
Il faut être une dizaine et se placer en cercle, les jambes écartées et les pieds touchant ceux de ses voisins. On met un ballon au centre et chacun, légèrement baissé, les mains jointes, essaie d'éviter que le ballon ne sorte du cercle entre ses jambes. Quand le ballon sort malgré tout, la première fois on se voit obligé de ne plus se défendre qu'avec une seule main, la deuxième fois on doit se retourner pour être de dos par rapport au centre du cercle et défendre à nouveau des deux mains, la troisième fois on perd le droit de se servir d'une de ses mains, la quatrième fois, on est éliminé…

Les filles apprécient aussi des jeux de balle plus solitaires et qui s'apparentent à de la jonglerie. Il s'agit de la balle au mur. On se munit alors de petites balles en caoutchouc un peu plus petites qu'une balle de tennis, souvent vendues par trois, de couleurs différentes, dans un petit filet en plastique, qu'on lance contre le mur et qu'il faut rattraper. Avec une seule balle, c'est assez facile, avec deux, ça se corse ! Et rares sont les jongleuses qui passent à trois…

Pour pimenter le jeu à une seule balle, on impose des figures : il faut taper dans ses mains (tapette) ou faire un moulinet (rouleau) avec les bras avant de récupérer la balle, ou, pour les plus habiles, faire passer la balle sous sa jambe. Autant d'occasions de perdre et de laisser sa place à une camarade qui attend ! Comme dans beaucoup de jeux où il faut garder un certain rythme, les enfants récitent des formules au fur et à mesure qu'ils progressent.

En jouant à la balle au mur, voici l'enchaînement le plus fréquent, qu'on récite en le pratiquant :

Partie simple / Sans bouger / Sans rire / Sans parler / D'une main / De l'autre / D'un pied / De l'autre / P'tite tapette / Grande tapette / P'tit rouleau / Grand rouleau.

Un lancer simple / Sans bouger autre chose que les mains / Sans rire / Sans parler / D'une seule main / De l'autre / Sur un pied / Sur l'autre, En tapant ses mains devant / En tapant ses mains devant et dans son dos / En faisant un petit moulinet / En faisant un grand moulinet.

Pour les plus douées, ces petites balles colorées servent aussi à effectuer des jongleries en lançant alternativement les balles en l'air et en les rattrapant sans les faire tomber. Comme il faut beaucoup d'entraînement avant de pouvoir montrer ses exploits à ses parents ou à ses amis, certains enfants sont capables de jouer des heures tout seuls dans leur coin. Mais gare à ne rien casser quand on veut s'entraîner dans la maison pour être prêt à la récréation du lendemain…

Joyeuses Pâques.
SERIE 233.

LIQUEUR SESTER
ADRESSE ET ÉQUILIBRE

SAUTE-MOUTON

Des gravures anciennes témoignent que le jeu de saute-mouton était pratiqué dès la Renaissance et peut-être bien avant déjà. Quoi de plus simple que de jouer ainsi à sauter par-dessus ses petits camarades plus ou moins accroupis ou penchés ?

Le jeu a plusieurs fois changé de nom : passavant, coupe-tête ou croque-tête, il a fini par se nommer saut de mouton puis saute-mouton. Certains pensent qu'il fait allusion à l'épisode où Rabelais raconte comment les moutons de Panurge sautent tous à l'eau et se noient en suivant un premier mouton tombé à la mer. L'anecdote était tellement connue qu'elle était passée pour ainsi dire en proverbe.

La version la plus répandue, appelée parfois la poursuite, se joue à plusieurs. Les enfants se placent, penchés, en file in-dienne, le premier saute par-dessus chacun d'entre eux et va se placer au bout de la file, tandis que le suivant se lève à son tour et fait la même chose. Il existe des va-riantes, comme l'anguille, où on doit déposer sur le dos d'un enfant désigné comme « cheval » un mouchoir roulé et le reprendre à un second passage. Si on le fait tomber ou si on fait tomber l'anguille d'un autre joueur, on prend la place du cheval…

En général, les parents n'apprécient pas beaucoup que les enfants pratiquent ce jeu : ils ont peur des chutes pour le sauteur, mais aussi des douleurs dans le dos pour les enfants servant d'appui… Cela dit, le poids plume des petits élimine presque tous les risques.

PAGE DE GAUCHE : Saute-mouton est un jeu simple et populaire auquel s'adonnent aussi les fillettes. 1944.

DOUBLE PAGE SUIVANTE : Saute-mouton et cheval fondu sont plutôt des jeux de garçons. Dans l'un des cas, on ne fait que sauter ; dans l'autre, on monte sur le dos en formant une sorte de pyramide. Quant aux osselets et toupies, ils tiennent les enfants en haleine, mais attention aux gestes brusques ! Dessins extraits de *À quoi jouons-nous ?*, publié par A. Weber vers 1920. Aquarelles de Robert Sallès (1871-1929).

Robert Sallès

Robert Sallès

Robert Sallès

Le Toton Équilibriste
15
14
3
13
12
7
11
Nouveau Jeu très-attrayant.
Modèle déposé.

LES JEUX D'ADRESSE

Dès qu'ils coordonnent bien leurs mouvements, les enfants aiment les jeux où ils peuvent faire preuve d'adresse. Ce sont souvent des jeux qui ont amusé aussi des générations d'adultes : aujourd'hui, notre société les confine dans le cadre des divertissements enfantins.

C'est le cas des toupies, qui émerveillent toujours par leur mouvement qu'on pourrait croire perpétuel, tant les frottements de la pointe sont minimes et freinent peu le mouvement rotatif.

Bien sûr, il existe bien des modèles de toupies vendues dans le commerce, mais chacun se souvient de toupies de fortune et de récupération, par exemple les petites poulies métalliques à l'intérieur d'un vieux réveille-matin cassé, de tailles différentes et qui forment une collection unique…

On appelle en général toupies des jouets qui sont en fait un peu différents.

Le toton, tout d'abord, est une petite toupie de table qu'on lance entre les doigts. Elle n'est pas tout à fait ronde et présente des faces, un peu comme un dé. Le jeu devient alors un jeu de société avec des jetons : selon la face qu'on obtient, on doit payer un jeton ou au contraire on en gagne un, on passe son tour, etc. Ce jeu a été inventé par les Romains : la meilleure face était celle du T (pour *totum* = tout) qui permettait de ramasser le pot tout entier, d'où le nom de toton…

Le sabot, lui, est un cylindre de bois, souvent en buis, garni d'un clou dans son extrémité inférieure, qui est conique. On le pose au sol sur la pointe et on donne l'impulsion au mouvement circulaire avec les deux mains. Pour le maintenir le plus longtemps possible en rotation, on le frappe avec un petit fouet, une lanière de cuir ou une petite baguette. Il est déjà fait mention de ce jeu chez les Grecs, chez Aristophane par exemple, et il est déjà considéré comme un jeu très ancien dans l'Antiquité ! L'avantage du sabot sur les autres jeux du même type, c'est qu'on peut le guider dans ses déplacements, ce qui permet de faire s'affronter deux sabots, soit à la course pour achever le plus vite possible un parcours, soit en duel en faisant s'entrechoquer les deux jouets : celui qui reste le dernier à tourner a gagné.

La vraie toupie, elle, est un objet un peu plus complexe, avec des encoches autour desquelles on enroule une cordelette. En lançant la toupie tout en tenant fermement la cordelette, on lui donne son impulsion initiale. Certaines sont munies de lanceurs en bois que l'on accroche sur elles.

On y joue souvent seul, en cherchant à faire durer le plus longtemps possible le

PAGE DE GAUCHE : Certains jeux de société ont utilisé un toton ou une toupie tournoyant dans une boîte. Étiquette de boîte de jeu, fin du XIXe siècle.

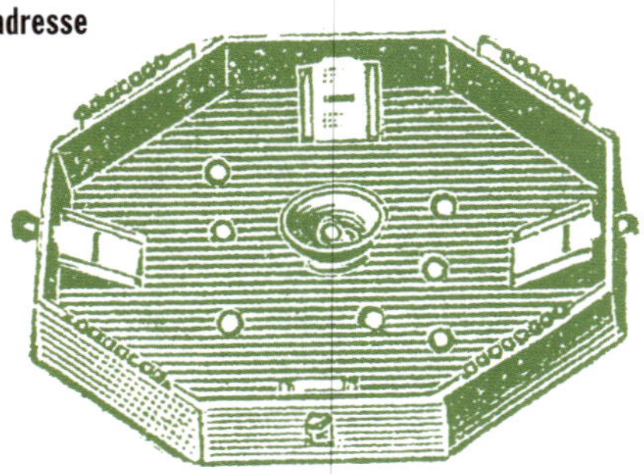

La règle des osselets
Il faut cinq osselets, quatre semblables et un d'une autre couleur, par exemple rouge. On lance tous les osselets à terre, puis on prend le rouge et on le lance en l'air. Pendant qu'il est en l'air, on doit attraper l'un des autres puis rattraper le rouge sans qu'il tombe au sol. Et ce, jusqu'à tenir les cinq osselets dans la main. Alors, on les lance tous en l'air et on cherche à les rattraper sur le dos de la main, puis dans la paume. Dès que l'on rate, le tour passe à l'adversaire. Cette règle de base peut s'enrichir d'autres figures, comme la palme (on tient les osselets coincés entre les doigts), le puits (on fait tomber les osselets dans un puits formé par l'autre main). On peut encore jouer à la fricassée, sans faire de différence entre les osselets. On commence par lancer un osselet, on attrape les quatre autres, puis on en lance deux et on attrape les trois autres à terre, puis trois et on attrape les deux autres, puis quatre et on attrape le dernier.

mouvement, mais, comme pour le sabot, on peut jouer à la rencontre qui a pour but d'aller frapper les toupies des adversaires, et, par exemple, de les faire sortir d'un cercle tracé à la craie sur le sol. Le modèle appelé toupie parisienne est fait de métal creux et émet un sifflement en tournant. Il existe aussi des modèles munis de ressorts : il faut alors appuyer plusieurs fois sur le haut de la toupie pour la « remonter » avant de la lâcher ; la rotation, là aussi, s'accompagne souvent de vibrations sonores, voire de musique grinçante, à cause de petits trous pratiqués dans la coque où l'air peut s'engouffrer.
Autre jeu d'adresse dont l'origine est extrêmement lointaine : le jeu des osselets. On y jouait déjà il y a plus de 3 000 ans et toute l'Antiquité le connaît parfaitement, en Grèce comme à Rome. De même que beaucoup de jeux de hasard, les osselets servaient alors aussi à interroger l'avenir.
Dans une cour d'école, les enfants ne se posent pas de questions si complexes et ont souvent même oublié – ou n'ont jamais su – que, à l'origine, le jeu était constitué des cinq petits os du tarse du mouton, bouillis et bien nettoyés. Pour comprendre certaines règles, il faut bien observer l'objet. Il a plusieurs faces : deux tranches latérales, les plats ; une face convexe, le dos ou la bosse ; et une concave, le creux. On peut jouer en lançant les osselets comme des dés et en attribuant une valeur à chacune des faces sur lesquelles l'osselet peut s'immobiliser, ou en annonçant des combinaisons aux noms énigmatiques remontant au temps où ce jeu était divinatoire, comme la « chevelure de Bérénice » ou le « coup de Vénus ». Il s'agit alors d'un jeu de hasard. Mais la règle la plus connue, aux nombreuses variantes, repose sur l'adresse et la jonglerie.
Dernier petit jeu d'adresse qui se pratique à la récréation ou à la maison : le jeu de puce, inventé en 1888 par John Assheton Fincher à Londres sous le nom de *tiddledy winks* ou *riddlywinks*. Il suffit d'un gobelet ou d'un cercle marqué sur le sol. Chacun a des jetons, les puces, et un jeton plus gros qui sert de lanceur. On pose une puce devant soi, puis on pince le bord avec le gros jeton pour la faire sauter dans le gobelet ou le cercle. Si on y parvient, on rejoue. Le vainqueur est celui qui a le premier envoyé toutes ses puces dans la cible.

PAGE DE DROITE :
Toupies et totons font partie de l'univers des enfants depuis des temps anciens. XIXe siècle.

A.D.

LES JEUX CALMES

Pendant la récréation, certains courent dans tous les sens, se bousculent, crient, mais d'autres restent tranquillement dans un coin à jouer sans s'agiter. Souvent, d'ailleurs, ce sont les mêmes qui n'apprécient pas trop les récréations et qui, s'ils le pouvaient, resteraient bien assis à leur pupitre en classe pendant les pauses…

Ces jeux calmes sont souvent des jeux de mains, sans être pour autant des jeux de vilains ! Les petits s'amusent à faire des pyramides de mains en jouant à main chaude, sans qu'il y ait véritablement de règle à ce jeu. Avec le jeu de la barbichette, on essaie de ne pas rire : c'est vraiment aller contre la nature des enfants ! Et l'on en voit, face à face, jouer à reproduire indéfiniment et toujours plus vite des frappes dans leurs mains en chantant en même temps des comptines. Les figures possibles sont innombrables, en croisant et décroisant les bras, en frappant l'une ou l'autre des mains ou les deux, sur la paume ou sur le dos, etc.

Rappelons simplement quelques comptines qui se prêtent à ces jeux chantés. Pour les plus jeunes :

– *Je te tiens, tu me tiens, par la barbichette, le premier, de nous deux, qui rira, aura une tapette !*

– *Préchi, précha / Préchi, précha / Ma chemise entre mes bras / Mon chapeau sur ma tête / Bonjour grosse bê-bête !*

Demandant davantage de coordination des gestes et se prêtant à des variantes :

Tiens voilà main droite ! (les mains droites se frappent) / *Tiens voilà main gauche !* (les mains gauches se frappent) / *Tiens voilà main droite main gauche !* (alternativement et rapidement les mains droites et les mains gauches se frappent) / *Tiens voilà les deux !* (main droite contre main droite et main gauche contre main gauche).

Cette petite chanson permet de faire en même temps la ronde, car les enfants, en cercle, se tiennent face à face, se serrent les mains, font divers gestes, puis avancent chacun dans un sens pour se retrouver en face d'un autre partenaire :

Bonjour ma cousi-i-ne / Bonjour mon cousin germain / On m'a dit que vous m'aimiez / Est-ce bien la vérité ? / Je n'm'en soucie guè-è-re / Je n'm'en soucie guè-è-re / Passez par ici et moi par là / Au revoir ma cousine on s'reverra !

Ou encore, un peu moins connue :

Mon père (frappé sur ses cuisses) *m'a donné* (frappé dans ses mains) / *Des rubans* (frappés mains droites), *des dentelles* (frappé main gauche) / *Mon père m'a donné / Des rubans satinés / Pourquoi t'a-t-il donné / Des rubans,*

PAGE DE GAUCHE :
« Charles, si tu fais encore des cocottes avec tes livres au lieu d'étudier, j'emploierai les grands moyens dit Croquemitaine. » Illustration de Bertall pour *M. et Mme Croquemitaine*, par A. Tilleuls, vers 1860.

PAGE DE DROITE : Une cocotte en papier géante avec des petits pierrots sur le dos, comme on peut en imaginer dans les rêves des petits enfants. Étiquette chromo du Bon Marché.

La règle de la salière

Prenez une feuille de papier carrée. Repliez les quatre angles vers le centre. Puis retournez le premier pliage et recommencez en repliant à nouveau les angles vers le centre. Repliez ensuite le carré obtenu par le milieu, dans un sens puis dans l'autre. Rouvrez le pliage et faites des petites marques reconnaissables (dessin, point de couleur…) à l'intérieur des faces de la salière et, derrière chaque marque, inscrivez une petite phrase. Il suffit ensuite de glisser les doigts dans les angles de la salière afin d'alterner les ouvertures possibles et de faire choisir à son interlocuteur une marque mystérieuse…

des dentelles / Pourquoi t'a-t-il donné / Des rubans satinés ? / Pour faire des jarretières, À ma vieille grand-mère / Mon père m'a donné / Des rubans satinés.

C'est aussi dans ce petit coin de la cour qu'on fait quelques pliages de papier typiques de l'école : cocottes, avions… quand on ne les a pas préparés dans la classe, au lieu d'écouter le maître ! Un de ces pliages donne lieu d'ailleurs à un petit jeu, c'est la salière ou le pouce-pouce (mais beaucoup d'autres noms ont pu circuler). Ce pliage assez simple permet de glisser le pouce et l'index de chaque main à l'intérieur pour le manipuler. On a inscrit des petites phrases à l'intérieur du pliage et, à tous ceux que l'on rencontre, on fait choisir un chiffre entre 1 et 10, on manipule la salière autant de fois, puis on la présente pour faire choisir au hasard un des rabats du papier sur lesquels on a placé des points de couleur ou des dessins : on lit alors le message contenu…

C'est encore dans la cour de récréation qu'on apprend à faire les scoubidous ! Cette activité manuelle n'est pas vraiment un jeu, mais elle a connu des périodes de folie où tous les enfants se promenaient avec des brins de plastique et faisaient à tout bout de champ des scoubidous plus ou moins complexes et colorés, carrés ou ronds, droits ou torsadés, et les offraient à leur entourage… Le mot et la chose sont apparus à l'époque des yé-yé – avec une chanson de Sacha Distel, « Des pommes, des poires et des scoubidous-bidous… » – et sont revenus à la mode dans les années 1980.

Suivant les époques, certains jeux ont d'ailleurs circulé brièvement mais ont fait fureur. Ce fut le cas des boules tac-tac, dans les années 1970, un matériel très simple : juste deux boules en plastique reliées par une cordelette, avec un anneau fixe au milieu de la ficelle. On passait l'anneau dans le majeur et, par un mouvement du poignet rapide, on devait faire s'entrechoquer très vite et très bruyamment les deux boules… Gare aux bleus sur le dessus des mains et sur les poignets ! À l'époque de cette vogue, on entendait retentir partout le bruit très sonore des tac-tac.

PAGE DE GAUCHE : Illustration extraite du livre *Mes jolis jeux*, par H. S. Brès, 1910.

LES RONDES ET CHANSONS

Avant que les pédagogues n'en théorisent tout l'intérêt pour aider au développement psychomoteur des enfants, les rondes ont su se former spontanément dans toutes les cours d'école depuis des siècles. Rien de plus simple que de prendre la main d'un de ses camarades, de former le cercle et de tourner en chantant… On peut ensuite imaginer des figures, des comptines, des variations de pas, mais l'essentiel est là : partager un moment de pur délassement.

En dehors des tout-petits, qui y jouent indistinctement, les rondes sont plutôt une activité de filles, alors même qu'elles reproduisent souvent des danses folkloriques qui, presque toujours, sont mixtes. Les chansons qui les accompagnent, transmises oralement de génération en génération, ont vu leurs paroles déformées au fil du temps, et on ne comprend pas toujours bien ce qu'elles signifient. Elles font souvent référence à la vie quotidienne, aux travaux des champs, au mariage.

Parfois la ronde tourne autour de l'un des enfants, qui doit en choisir un autre pour qu'il prenne sa place, ou bien la chaîne des mains se coupe à un endroit et la ronde devient farandole…

Évoquons simplement quelques rondes parmi les plus connues, car il faudrait un livre entier pour les évoquer toutes…

Ainsi, dans cette ronde, il ne faut pas être le dernier choisi pour être au centre du cercle, car tous les autres se précipitent alors pour lui taper dessus :

Le fermier dans son pré / Le fermier dans son pré / Ohé ! ohé ! ohé ! Le fermier dans son pré / Le fermier prend sa femme / Le fermier prend sa femme / Ohé ! ohé ! ohé ! Le fermier prend sa femme / La femme prend son enfant (bis et refrain) / *L'enfant prend sa nourrice* (bis et refrain) / *La nourrice prend son chien* (bis et refrain) / *Le chien prend son p'tit chat* (bis et refrain) / *Le chat prend la souris* (bis et refrain) / *La souris prend l'fromage* (bis et refrain) / *Le fromage est battu* (bis et refrain) / *Le fromage est battu / Ohé ! ohé ! ohé ! Le fromage est battu.*

Certaines chansons font allusion à la religion :

Marie-Madeleine / Va à la fontaine / Y chercher de l'eau / Pour remplir son seau.

PAGE DE DROITE : Partition et illustration par Louis Boutet de Monvel de la chanson enfantine *La Queue leu leu*. Extrait de l'ouvrage *Vieilles Chansons et Rondes*, 1898.

Ou encore :
Enfilons les aiguilles de bois / Les aiguilles sont enfilées / Saint Pierre nous a donné / Les clefs du paradis…
Avec cette dernière chanson, une enfant restait sans bouger et toutes les autres s'enroulaient en farandole autour d'elle en chantant la ritournelle.
Certaines chansons contiennent des allusions dont les enfants n'ont pas conscience. Le fameux refrain « Le palais Royal est un beau quartier, toutes les jeunes filles sont à marier » évoque un haut lieu de la prostitution parisienne sous l'Ancien Régime, par exemple…
D'autres se prêtent au mime, comme *Savez-vous planter les choux ?* ou *Sur le Pont d'Avignon*.
Certaines chansons entraînantes font presque courir les enfants pendant la ronde pour rester dans le rythme, c'est le cas de :
Ma Rosalie, tirli pan pan / Elle est malade / Elle est malade, tirli pan pan / Du mal d'amour / Pour la guérir, tirli pan pan / Faut de la salade / De la salade, tirli pan pan / Trois fois par jour / C'est pas moi, c'est ma sœur / Qu'a cassé la machine à vapeur ! / Quand tu m'disais, Rosalie / Que tu m'aimais, Rosalie / Moi je croyais, Rosalie / Qu'c'était de la blague / Quand tu m'disais, Rosalie / Que tu m'aimais, Rosalie / Moi je croyais, Rosalie / Qu'c'était pas vrai / Pour un sou on a un cigare / Pour deux sous, deux cigares d'un sou / Pour trois sous, on a trois cigares / Pour quat' sous, quat' cigares d'un sou.
Enfin, les farandoles passent souvent sous les bras joints de deux enfants qui forment un pont et qui, à un moment de la chanson s'abattent sur l'enfant qui passe à cet instant précis. On citera :
Passe passe passera, la dernière, la dernière / Passe passe passera, la dernière restera / Qu'est-ce qu'elle a donc fait, la p'tite hirondelle / Elle nous a volé trois p'tits sacs de blé / Nous la rattraperons la p'tite hirondelle / Et nous lui donnerons trois p'tits coups d'bâton / Un, deux, trois.
Parfois vient s'ajouter un jeu qui permet de former deux équipes : les deux enfants qui forment le pont choisissent secrètement un mot chacun, et l'enfant prisonnier choisit entre les deux, le tout à voix basse pour que les autres n'entendent rien. Suivant son choix, il rejoint l'une ou l'autre équipe. Une fois tous les enfants répartis, les membres de chaque équipe se tiennent par la main et les deux équipes se font face, les deux capitaines les rejoignent et les enfants tirent en sens inverse pour attirer l'autre équipe sur son territoire.
On peut enfin faire deux rondes tournant en sens inverse en se serrant les mains au passage. Le tout est de ne pas se mélanger et de tendre la bonne main en premier pour assurer la fluidité des déplacements…

Vivace.
CHANT.
PIANO.
A la queue leu! leu! A la queue, à la queue, A la
queue leu leu, A la queue Ouin Ouin! A la queue leu! leu! A la
queue, à la queue, A la queue leu leu, A la queue Ouin Ouin!

UN, DEUX, TROIS... SOLEIL

Jeu typique de cour d'école ou de préau, Un, deux, trois... soleil rythme le temps des récréations depuis des générations. Une ligne est tracée à une dizaine de mètres d'un mur. Un joueur est désigné pour aller se placer le long du mur, tournant le dos aux autres, qui restent derrière la ligne. Le but est d'aller toucher le mur en se rapprochant petit à petit.

En effet, le maître du jeu, les yeux fermés, tourné vers le mur, dit en le frappant : « Un, deux, trois... soleil ! » Au moment où il dit « soleil », il se retourne et tous les joueurs doivent être parfaitement immobiles. S'il en surprend un en mouvement, celui-ci doit repartir derrière la ligne de départ. Si l'un des joueurs parvient à taper le mur sans avoir été surpris, il devient à son tour maître du jeu. La situation est souvent cocasse, les enfants s'immobilisant dans des positions d'équilibre inconfortables. Le maître du jeu peut faire varier le rythme auquel il tape et surprendre ainsi les autres. Les plus jeunes adorent ce jeu, qui leur procure des frissons dans la crainte du flagrant délit !

On peut presque considérer comme une variante de ce jeu celui où un enfant est cette fois le dos au mur face aux autres joueurs et répond à un échange de questions chantonnées en donnant des instructions :

– Grand-mère, veux-tu ?

– Oui, mon enfant

– Combien de pas ?

Il répond alors à sa guise « trois pas de géant » ou « cinq pas de souris » ou même « rien »... La « grand-mère » peut aussi faire reculer les autres, mais si jamais le joueur, en reculant, repasse derrière la ligne, il revient à sa première position et avance au lieu de reculer. Le premier qui touche le mur prend la place de la « grand-mère ». Évidemment, le grand plaisir des enfants est d'inventer toutes sortes de pas : pas de fourmi, de puce, de crabe, etc., pour voir les autres s'agiter de manière amusante.

PAGE DE GAUCHE : Rien n'est plus sérieux qu'un jeu d'enfant ! 1961.

DIMANCHE DE PLUIE

LES JEUX DE MOTS ET DE PAPIER

LES JEUX DE CARTES

LES JEUX DE DÉS

LES DAMES ET LES PETITS CHEVAUX

LE JEU DE L'OIE

LES DOMINOS

LE LOTO DES FAMILLES

LE NAIN JAUNE

LE CLUEDO®

LE MONOPOLY®

LE 1 000 BORNES®

BABY-FOOT, BILLARD…

EN SOLITAIRE

H.M.S. GREYHOUND
ALBATROSS
GLASGOW
H.M.S. VIXEN

DOUBLE PAGE PRÉCÉDENTE : Paquets de cartes volant sur Alice. Illustration de Gwynedd M. Hudson pour *Alice au pays des merveilles*, par Lewis Carroll, 1922.

PAGE DE GAUCHE : Jeu de bataille navale en famille sous l'œil vigilant de maman. Vers 1950.

LES JEUX DE MOTS ET DE PAPIER

Nous avons tous fait ce qu'il ne fallait surtout pas faire : jouer pendant les cours à l'école, au collège, parfois même au lycée ou à l'université ! Mais il est vrai qu'un coin de bureau suffit pour s'installer, qu'il n'est pas toujours nécessaire de parler, que c'est – plus ou moins – discret… Ces jeux nous ont aussi parfois bien distraits quand la famille était en visite chez de vieux parents et qu'on n'avait pas prévu de jeux à emporter pour les enfants. Jeux solitaires, à deux ou plus, les jeux de papier sont très nombreux.

Le plus célèbre est sans doute le morpion, qui se joue à deux. Jeu enfantin mais qui requiert de l'attention, le morpion est plus tactique qu'il n'y paraît et les enfants étourdis s'agacent vite de perdre continuellement ! Une variante solitaire consiste, à partir d'une sorte de croix aux branches formées par 4 points sur 4, à tracer des lignes de cinq points en ajoutant à chaque fois un seul point. Il faut retarder le plus possible le moment où l'on se trouve bloqué… Le jeu devient alors une sorte de gribouillage codifié et organisé qui n'est là que pour chasser l'ennui et tuer le temps…

Plus animée et dynamique, la bataille navale est un vrai petit jeu de stratégie sans trop de moyens. Logique, déduction, rigueur : les aptitudes mises en œuvre pour gagner vite sont importantes. Certaines variantes deviennent complexes, en permettant aux tireurs d'envoyer des salves de coups (trois tirs à chaque tour, par exemple) ou aux bateaux de se déplacer dans certaines conditions… Mais on revient toujours, finalement, à la version la plus simple et la plus pure.

Lorsqu'on commence à apprendre du vocabulaire, le pendu est un jeu que les enfants apprécient particulièrement. Ils aiment essayer ainsi de « coller » leurs parents en proposant des mots qu'ils s'imaginent difficiles…

Autre jeu dont raffolent les enfants pour tester leurs connaissances et leur vocabulaire : le jeu du bac. Il faut d'abord s'entendre sur une série de catégories, comme : animal, métier, prénom, pays, fleur, ville, etc., que chacun écrit dans un tableau. Puis on tire au sort une lettre et le premier qui a trouvé un mot commençant par cette lettre pour chacun des thèmes établis stoppe le jeu. Ensuite, on vérifie les propositions de chacun et on compte ses points. La présence d'esprit est ici sollicitée autant que la culture

La règle de la bataille navale

Sur un papier quadrillé, chacun des deux joueurs trace deux grilles de 10 cases sur 10 avec des coordonnées pour se repérer. Sur l'une, il dispose ses bateaux sans qu'ils se touchent, même par un angle : un porte-avions de 4 cases, deux cuirassés ou destroyers de 3 cases, trois croiseurs de 3 cases, et quatre sous-marins de 1 case. La partie peut commencer. Chacun à son tour annonce des coordonnées, par exemple « B7 », et l'autre joueur indique alors « rien », ou « touché » si le tir tombe sur une case d'un bateau de sa grille ou « coulé » si le tir en détruit un. Quel plaisir, dans ce dernier cas, de rejouer aussitôt pour un nouveau tir !

Le but du jeu est bien sûr de détruire la flotte de l'adversaire le premier.

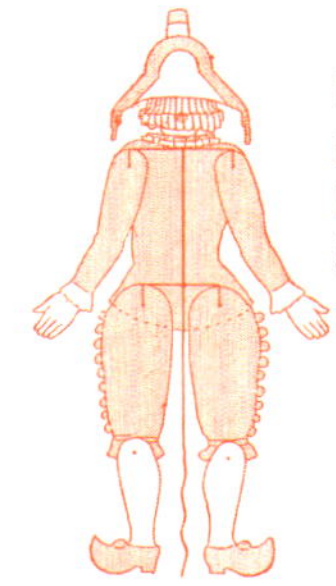

PAGE DE DROITE : Jouet publicitaire pour la marque Nestlé, à découper et à monter. Vers 1900.

La règle du pendu

À tour de rôle, chacun devient le bourreau et choisit un mot suffisamment long (au moins six lettres). Il écrit sur une feuille autant de petits traits qu'il y a de lettres à deviner. Puis l'autre joueur propose une lettre : si elle figure dans le mot, le bourreau l'écrit à la place du tiret auquel elle correspond (si elle est plusieurs fois présente, il la note plusieurs fois) ; par contre, si elle est absente du mot, le bourreau dessine un élément d'un gibet auquel va se balancer un pendu… Et ainsi de suite. Il faut trouver le mot avant que le pendu ne soit complètement dessiné, ce qui laisse une dizaine d'essais environ, suivant le tracé qu'on adopte.

car, en voyant les autres noter des mots, certains enfants perdent tous leurs moyens sous l'effet du stress et se sentent complètement dépassés, même s'ils ont les connaissances requises !

Les jeux de papier permettent aussi de faire ressortir la fantaisie, l'incongruité, le rire… Mais ils nécessitent alors d'être plusieurs pour que les résultats soient variés. Ces jeux sont très nombreux et chacun a ses préférés. Le cadavre exquis, par exemple, consiste à faire commencer une phrase par un joueur sur un bout de papier, puis à replier la feuille pour la cacher au suivant, qui poursuit la phrase sans savoir de quoi il retourne… Les résultats peuvent être surprenants : ce sont les surréalistes qui se sont emparés de ce jeu traditionnel et lui ont donné son nom à partir d'une phrase qu'ils avaient obtenue : « Le cadavre exquis boira le vin nouveau »… On peut aussi y jouer avec un dessin qu'on commence et dont on laisse juste, grâce à un pliage, dépasser un petit morceau auquel le dessinateur suivant devra se raccrocher.

Le papier est aussi un matériau à part entière, qui se prête à toutes sortes de jeux, même si on ne sait pas écrire ou si on n'en a pas envie. Les petits pliages japonais, les origamis, sont une activité typique des jours de pluie. L'enfant calme s'installe sur une table, déplie ses jolis papiers colorés et, aidé souvent d'un livre de modèles, apprend à réaliser toutes sortes de figures étonnantes, autrement plus complexes que la simple cocotte ou l'avion bricolés en hâte à la récréation ou sur ses genoux, discrètement, pendant la classe... Cette fois, c'est (presque) de l'art !

Les collages occupent aussi bien des après-midi désœuvrés : on prend de vieux magazines, des feuilles de papier et, avec ses ciseaux à bout rond et sa colle blanche à l'insistante odeur d'amande, on refait de nouvelles images composites qu'on peut agrémenter de quelques dessins.

Évoquons encore les petites poupées à habiller, dessinées sur du carton. Il faut d'abord les découper, bien précautionneusement pour ne pas les amputer d'une main ou d'une oreille… Puis c'est au tour des planches imprimées sur lesquelles figurent les vêtements et accessoires. Là encore, le découpage doit être très soigneux car, si jamais on venait à trancher les petites pattes qui se replient et permettent aux habits de tenir accrochés sur les figurines, ce serait une catastrophe…

Enfin, il suffit de plier une feuille de papier, de découper habilement quelques morceaux et, en la dépliant, de faire surgir une farandole de petits personnages se tenant par la main pour susciter dans les yeux des plus petits une touchante expression de surprise.

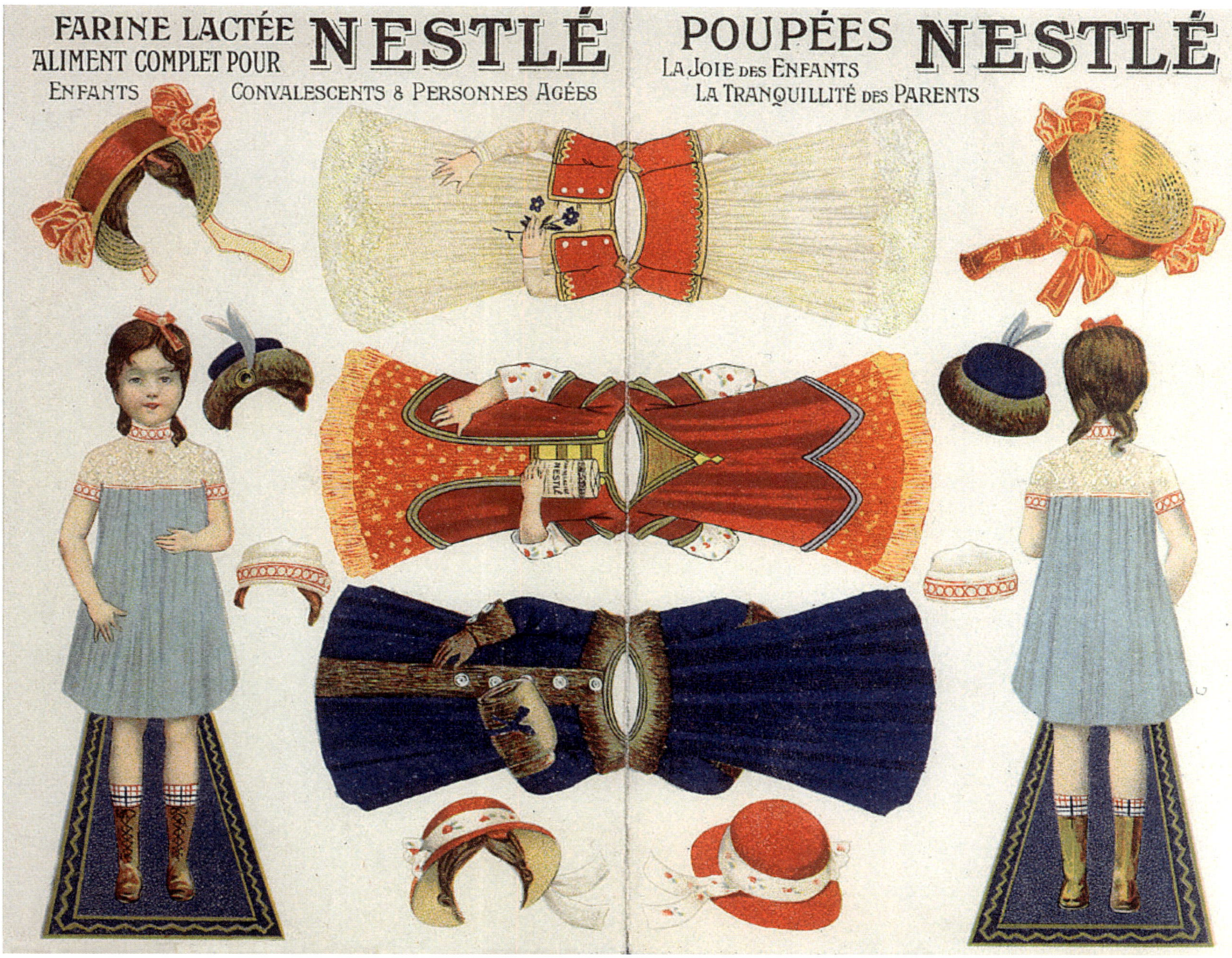

FARINE LACTÉE
ALIMENT COMPLET POUR
ENFANTS CONVALESCENTS & PERSONNES AGÉES
NESTLÉ
POUPÉES
LA JOIE DES ENFANTS
LA TRANQUILLITÉ DES PARENTS
NESTLÉ

PAGE DE GAUCHE : Alice joue au croquet dans le royaume des cartes. Illustration de W. H. Walker pour *Alice au pays des merveilles*, par Lewis Carroll, 1907.

LES JEUX DE CARTES

Les jeux classiques entraînent souvent des passions exclusives et sont liés à des traditions familiales : tous les dimanches, la partie de cartes occupe l'après-midi et on ne l'échangerait contre aucune sortie ou visite… Et, à l'intérieur de la famille, on sait bien qu'avec les cousins de Bretagne on jouera toujours au tarot, alors qu'avec papi et mamie, c'est le rami qui l'emporte… Bref, les règles des jeux de cartes sont évidemment importantes, leur diversité est étonnante, puisqu'on pourrait pratiquement passer un an sur une île déserte avec un jeu de cartes (et quelques partenaires…) en jouant tous les jours sans jamais jouer deux fois au même jeu. Mais nous savons tous que le jeu partagé est d'abord un support de convivialité, avec les plaisanteries rituelles, les moqueries, les exclamations qui viennent rythmer la partie.

Le premier jeu de cartes que les enfants découvrent, c'est la bataille ! Rien de plus simple, à condition bien sûr de connaître ses chiffres et de pouvoir comparer rapidement les deux cartes retournées simultanément. Ils jouent aussi aux petits paquets, dont les règles sont variées, mais qui, dans tous les cas, permettent de remporter d'un seul coup une grosse pile de cartes.

Assez vite, les enfants d'une dizaine d'années commencent à partager les jeux des adultes, que ce soit le rami, la belote, le whist ou le tarot. La plus grosse difficulté, en général, ne vient pas des règles à mémoriser, mais de… la taille des petites mains ! Comment tenir une dizaine de grandes cartes avec des doigts aussi petits et aussi malhabiles ? En général, les enfants s'en tirent en faisant des petits tas devant eux, mais les manipulations leur semblent parfois un peu fastidieuses. En tout cas, ils apprennent ainsi les mécanismes de base : mettre un atout, couper, faire des plis, se défausser…

Jeu familial par excellence, le barbu, ou roi de cœur, est un jeu qui permet aux enfants de se familiariser avec les mécanismes de base des jeux de levée. C'est souvent par là que des parents joueurs initient leur progéniture ! L'enfant peut ainsi apprendre progressivement à bâtir une stratégie qui doit, en plus, changer à chaque tour. Par exemple, apprendre à passer la main au bon moment pour ne pas faire le dernier pli, à compter les cartes qui tombent pour ne pas

La règle du barbu
Nombre de joueurs : 4.
Durée : environ 1 heure.
Age minimum : 8 ans.
Matériel : 1 jeu de 32 cartes.
Sens du jeu : le sens des aiguilles d'une montre.
L'ordre des cartes est le suivant : 7 8 9 10 V D R A.
Le barbu est un jeu de levées sans atout : à chaque coup, le premier joueur pose une carte ; les autres, s'ils ont une carte de la même couleur, doivent fournir, sans être obligés de monter sur la carte précédente, ou s'ils n'en ont pas, se défausser. Celui qui a posé la plus haute carte remporte le pli et le pose devant lui pour faire les comptes à la fin du tour. Le gagnant est celui qui a le plus de points à la fin de la partie. L'originalité du barbu est que l'objectif du jeu change à chaque tour. Les différents tours donnent des pénalités : ne pas faire de pli, ne pas avoir de cœur, de dame, ne pas faire le dernier pli, ne pas avoir le roi de cœur. Enfin à la réussite, le but est d'être le premier à se débarrasser de toutes ses cartes en les posant suivant un certain ordre. Les joueurs obtiennent alors au contraire des bonus suivant la rapidité avec laquelle ils se sont débarrassés de leurs cartes.

se trouver maître avec une petite carte, à se faire une coupe pour pouvoir se défausser de ses dames ou de ses cœurs, etc. L'adulte doit, avec diplomatie et en souriant, expliquer de temps en temps ses erreurs à l'enfant : mais attention à ne pas transformer la partie en une leçon permanente ! Certains enfants se découragent s'ils sont abreuvés de conseils qui finalement les paralysent…

Un autre jeu très simple fait partie des premiers jeux appris par les enfants, c'est le pouilleux, ou mistigri. La carte qui porte ce nom est le valet de trèfle. On joue avec un jeu de 52 cartes dont on a enlevé le valet de pique. On distribue trois par trois. Le but du jeu est de ne pas être le dernier à avoir en main le pouilleux. Chacun commence par se débarrasser de ses paires de même couleur (cœur avec carreau, pique avec trèfle). Puis le donneur fait choisir une carte, face cachée, de son jeu à son voisin de gauche : si elle forme une paire avec une de ses cartes, il les jette, sinon il la garde et passe de la même façon une carte à son voisin de gauche, et ainsi de suite, jusqu'à ce qu'un des joueurs se retrouve avec la seule carte du pouilleux, qui ne peut former aucune paire. En Angleterre, ce jeu s'intitule le *old maid* et la carte correspondante, souvent spéciale, représente une vieille fille.

Une fois qu'ils ont été initiés aux jeux de cartes, les enfants deviennent souvent passionnés.

C'est ainsi que le kem's, jeu très simple mais très efficace, suscite des parties acharnées et des fous rires. Il s'agit de former deux équipes de deux joueurs, de convenir d'un signe de connivence et de distribuer quatre cartes à chacun à partir d'un jeu de 32. Le but d'une équipe est de parvenir à former un carré et d'être la première à l'annoncer. Pour ce faire, on échange des cartes avec celles qui sont visibles sur le tapis ou, pour certaines variantes, avec son voisin immédiat .

D'autres jeux ont eu aussi leur heure de gloire suivant les générations. La bataille corse, par exemple, qui est bien différente de la traditionnelle bataille : le premier joueur pose la première carte de son jeu et ainsi de suite. Tant qu'on ne pose pas une figure (valet, dame, roi ou as), il ne se passe rien. Mais :

– sur un as, le joueur suivant doit poser quatre cartes ;

– sur un roi, le joueur suivant doit poser trois cartes ;

– sur une dame, le joueur suivant doit poser deux cartes ;

– sur un valet, le joueur suivant doit poser une carte.

Si le deuxième joueur ne parvient pas à poser une carte égale ou supérieure à la figure retournée, le premier joueur empoche le pli. Dernier détail : si à un moment du jeu deux cartes de même hauteur se succèdent, c'est celui qui tape le premier sur le tas qui le remporte… Gare aux coups !

PAGE DE DROITE :
Quelques jeux de cartes permettent de réunir un grand nombre de participants : ambiance garantie ! 1976.

Famille MI-RÉ-DO, (Musiciens)
LA FILLE

PAGE DE GAUCHE : Jeu des sept familles, carte de la fille de la famille Mi-Ré-Do. XIXe siècle.

Très animé, « Salut kiki ! » est encore un jeu où il faut, en fonction des cartes retournées, prononcer certains mots et faire des gestes sans se tromper, par exemple, il faut s'exclamer « bonjour Madame », si une dame apparaît, « bonjour Monsieur » si c'est un roi et « salut kiki ! » si c'est un as… Confusion et chahut sont garantis…

Dans les années 1960-1970, un jeu faisait fureur chez les adolescents : le huit américain, appelé encore rami suédois. Il a maintenant été détrôné par le jeu intitulé Uno® qui en reprend le principe mais en remplaçant les cartes traditionnelles (trèfle, carreau, cœur et pique) par des cartes spéciales de couleurs vives, avec de gros chiffres, dont les enfants d'aujourd'hui raffolent. Il faut se débarrasser le premier de toutes ses cartes pour gagner, en posant une carte de même hauteur ou de même couleur que la carte visible sur le haut du paquet. Mais certaines cartes ont des vertus spéciales et changent le sens de jeu ou font passer des tours aux adversaires… De quoi offrir des parties mouvementées et acharnées ! Le jeu a été inventé par Merle Robbins, un barbier de l'Ohio, en 1971. Quand il présenta sa trouvaille à sa famille et à ses voisins, ce fut un vrai succès ! Finalement, tout le monde se cotisa et parvint à réunir 8 000 $ pour fabriquer 5 000 exemplaires du jeu. Puis il revendit ses droits sur le jeu à un passionné, lui-même entrepreneur de pompes funèbres dans l'Illinois, qui créa la société Int'l Games Inc. pour commercialiser le Uno®. Et c'est en 1992 que la compagnie Mattel s'en est portée acquéreur.

Ce jeu de Uno® nous amène à parler de quelques jeux de cartes fantaisie : ils empruntent le support de petits cartons facilement maniables pour leur principe, mais n'ont plus rien à voir avec les figures traditionnelles. Ainsi, le jeu des 7 familles propose des cartes figurées sans chiffres ni mots qui permettent aux tout-petits de jouer. Le jeu de base n'est distrayant que pour les plus jeunes. Dans le jeu le plus traditionnel, il y a 7 familles dont les noms et les dessins rappellent des métiers sur un mode plaisant : Bonveau (boucher), Duracuir (cordonnier), Duveston (tailleur), Dupétrin (boulanger), Barbichon (coiffeur), Cornichon (épicier), Lapalette (peintre). Dans chaque famille, il y a six personnages : le grand-père, la grand-mère,

La règle du Memory

Battez soigneusement deux jeux de 32 cartes. Disposez ensuite les cartes face cachée sur la table en 8 rangées de 8 cartes.

À votre tour, vous retournez une première carte, que vous laissez face visible à sa place afin que chacun puisse bien la voir. Puis retournez une seconde carte de la même façon. Si ces deux cartes sont semblables (même hauteur, même couleur), vous les empochez et rejouez tant que vous formez des paires. Dès que les deux cartes retournées sont différentes, vous les reposez face cachée à leur place et c'est au tour du joueur suivant, dans le sens des aiguilles d'une montre.

Attention ! Il est essentiel de ne pas toucher à la disposition générale des cartes : chacun doit pouvoir repérer où se trouvent les cartes une fois retournées face cachée.

Il est interdit de prendre des notes, de mettre des objets sur la table, de poser un doigt en face d'une ligne, etc. C'est un jeu de mémoire ! La partie se termine quand toutes les cartes ont été ramassées. Le gagnant est celui qui a remporté le plus grand nombre de paires.

CI-DESSUS : Couvercle de jeu de sept familles. Illustration anonyme, vers 1930.

PAGE DE DROITE : Comme ils sont sérieux ces petits garçons ! Ils reproduisent les attitudes de leurs pères lorsqu'ils « tapent le carton ». Vers 1900.

le père, la mère, le fils et la fille. Mais les pu-blicitaires et les éditeurs de jeux en ont décliné les thématiques depuis leur création à Londres en 1860.

Enfin, avec deux jeux de cartes traditionnelles, mais le plus souvent avec des petits cartons en image, les enfants jouent à des jeux de mémoire (Memory) où, souvent, ils battent les adultes ! La raison en est simple, c'est qu'ils se passionnent et donc se concentrent bien davantage que les adultes, qui y jouent souvent pour leur faire plaisir ! Ce n'est pas forcément le signe que les adultes sont en train de perdre leurs facultés mentales… mais c'est tout de même un jeu où les enfants n'ont aucun handicap à rattraper.

Quant aux tours de cartes et leur aspect apparemment divinatoire, ils créent toujours admiration et presque crainte chez les enfants. Sans comprendre qu'en réalité tout est mathématique, le fait qu'un adulte puisse deviner et retrouver la carte qu'ils ont choisie en secret les plonge dans un abîme de perplexité et les pousse à s'interroger sur les super-pouvoirs qu'ils viennent d'éprouver… Un sentiment d'impuissance se mêle souvent au plaisir d'avoir été berné.

Il y a toujours un adulte, un oncle, un cousin qui connaît des tours ! Nous nous souvenons tous d'une pièce à faire sortir – sans bien sûr la toucher ! – de dessous un verre retourné, de fourchettes à faire tenir en équilibre, de jeux d'illusion qui s'improvisaient autour de quelques objets du quotidien à la fin d'un repas, sous nos yeux d'enfants fascinés… Et, quand l'un des tours nous était dévoilé – mais un seul, n'est-ce pas ? sinon, c'est la fin de la magie… –, quel était notre plaisir de le refaire devant le public de nos copains de classe ou de nos plus jeunes cousins !

PAGE DE GAUCHE : Comme les grands, sur un coin de table, dans un café, une partie de 421 entre deux gamins. 1953.

CI-CONTRE : Couvercle du jeu du Cochon qui rit, première version de 1934, éditée par les Jeux Michel.

LES JEUX DE DÉS

Les dés sont les premiers « accessoires » de jeu que l'on manie. Les adultes laissent les plus jeunes lancer les dés alors qu'ils craignent toujours de les voir corner et abîmer les cartes. En général, les dés constituent rarement un jeu en soi : ils permettent surtout de faire intervenir le hasard dans un jeu et symbolisent la chance.

Les plus anciens des dés cubiques sont apparus sur les bords de l'Indus, au Pakistan, deux millénaires avant J.-C. Au gré des échanges commerciaux, ils se sont répandus dans tout le bassin méditerranéen. La numérotation actuelle, qui place les points sur les faces opposées de telle sorte qu'une fois additionnés ils donnent toujours 7, vient de la Grèce au VIIe siècle avant J.-C.

Les enfants ne se lassent pas de les lancer et adorent les jeux, même très simples, dont ils sont la base. C'est le cas par exemple du petit cochon ou des dix-mille (qui connaît bien d'autres noms !).

Mais, dès que les enfants sont un peu plus grands, c'est la youle ou le yam's, suivant les appellations qu'on lui donne, qui a toutes les faveurs. Cette fois, il faut faire preuve d'un peu de tactique et obtenir des combinaisons fixées par avance, parfois même dans un ordre imposé. Il s'agit toujours d'un jeu de chance, bien évidemment… mais aussi d'opportunisme et, tout de même, on peut être fier quand on a bien rempli sa feuille de marque et obtenu tous les bonus…

La règle du petit cochon
Nombre de dés : 2.
Le but du jeu consiste à être le premier à avoir fini un dessin de petit cochon. Pour avoir le droit de dessiner chaque partie du dessin, vous devez tirer le bon chiffre aux dés.
Pour commencer, il faut faire 7 pour le corps. Ensuite, 8 pour le groin et 9 pour chacune des oreilles.
Chaque as sorti permet de dessiner à tout moment une des quatre pattes.
Enfin, quand tout le reste est dessiné, vous devez sortir un 6 pour finir le cochon avec sa queue en tire-bouchon !
Ne craignez pas d'inventer d'autres dessins et d'autres règles pour amuser les plus jeunes…

PAGE DE GAUCHE : Les enfants les plus posés sont capables de rester des heures devant un damier ou un échiquier au lieu d'aller faire les 400 coups... 1957.

CI-CONTRE : Dans la course des aéroplanes, les chevaux sont remplacés par six petits aéroplanes tournant dans deux pistes.

LES DAMES ET LES PETITS CHEVAUX

Il est très difficile d'évaluer l'origine du jeu de dames. On pense généralement qu'elles sont nées en Espagne et qu'elles descendent de l'alquerque arabe. Les règles de ce jeu ont subi de nombreuses modifications au cours des siècles. Ainsi, la promotion d'un pion en dame ne date que du XVe siècle. La règle de « souffler n'est pas jouer » et l'obligation de prendre sont apparues au XVIe siècle, transformant le jeu « plaisant » en jeu « forcé ». La complexité du jeu s'est encore intensifiée avec le passage de 12 à 20 pions sur un damier de 100 cases. Les règles ont été fixées à Paris au XVIIIe siècle par un Polonais : on les appelait alors les « les dames polonaises » ! Depuis, le jeu a fait le tour du monde et de nombreuses variantes ont vu le jour çà et là.

Ce n'est pas un jeu d'enfants, loin de là, mais c'est sans doute le premier jeu de plateau à deux auquel les adultes initient leur progéniture. Au départ, une partie semble un peu longue pour un petit ! Aussi, les enfants se concentrent souvent au début, puis poussent les pions sans trop réfléchir dès qu'ils ont hâte de finir…

Il est bien inutile de redonner les règles du jeu. Par contre, le vocabulaire ne peut manquer de rappeler de bons souvenirs. Lorsqu'on amène son pion sur la ligne de fond de l'autre joueur, on « fait dame ». Quant à l'expression « souffler n'est pas jouer », elle devient une sorte de proverbe rappelant qu'il ne faut jamais gâcher une occasion qui vous est offerte : si un joueur a oublié de prendre une pièce à sa portée, son adversaire, avant de jouer, le lui fait remarquer, retire (« souffle ») le pion fautif et joue à son tour.

Le jeu des petits chevaux, apparu en Angleterre à la fin du XIXe siècle, est quant à lui l'adaptation d'un très ancien jeu indien : le pachisi. Il s'est d'abord appelé ludo, puis, quand les pions ont pris la forme de figurines de chevaux, son nom le plus connu s'est imposé. Il peut divertir petits et grands et donne l'occasion à toute la famille de s'affronter. Ce jeu fait appel à la chance du fait des lancers de dés. Mais il faut saisir toutes les occasions de renvoyer des chevaux adverses dans leur dépôt et se mettre soi-même hors de danger. Vous devez à chaque coup choisir le déplacement de cheval le plus avantageux entre les quatre possibles. Le jeu s'apparente alors un peu au jacquet, ou au backgammon… en beaucoup plus simple ! Voilà comment les enfants apprennent la patience. Mais, la plupart du temps, ce sont les adultes qui jouent avec eux qui se lassent un peu… les enfants, eux, adorent lancer les dés !

La règle des petits chevaux

Nombre de joueurs : 2 à 4.
Durée : environ 3/4 d'heure.
Âge minimum : 6 ans.
Matériel : un jeu de petits chevaux.
Sens du jeu : le sens des aiguilles d'une montre.
Vous disposez chacun de quatre chevaux de votre couleur, que vous placez au début de la partie dans votre dépôt. Vous devez d'abord les amener au centre du plateau de jeu, puis les ramener à votre dépôt après un long parcours. On déplace les chevaux en fonction du lancer d'un dé. Pour démarrer, il faut obtenir un 6. Tout au long de la partie, le 6 permet de rejouer. Plusieurs chevaux du même joueur peuvent se trouver sur la même case. Par contre, si vous parvenez à amener un de vos chevaux sur une case où se trouve un cheval adverse isolé, vous prenez sa place et vous le renvoyez à son dépôt. S'il y a plusieurs chevaux amis dans la case, ils se protègent et vous ne pouvez occuper cette case. Vous gagnez si vous êtes le premier à avoir ramené tous vos chevaux au dépôt.

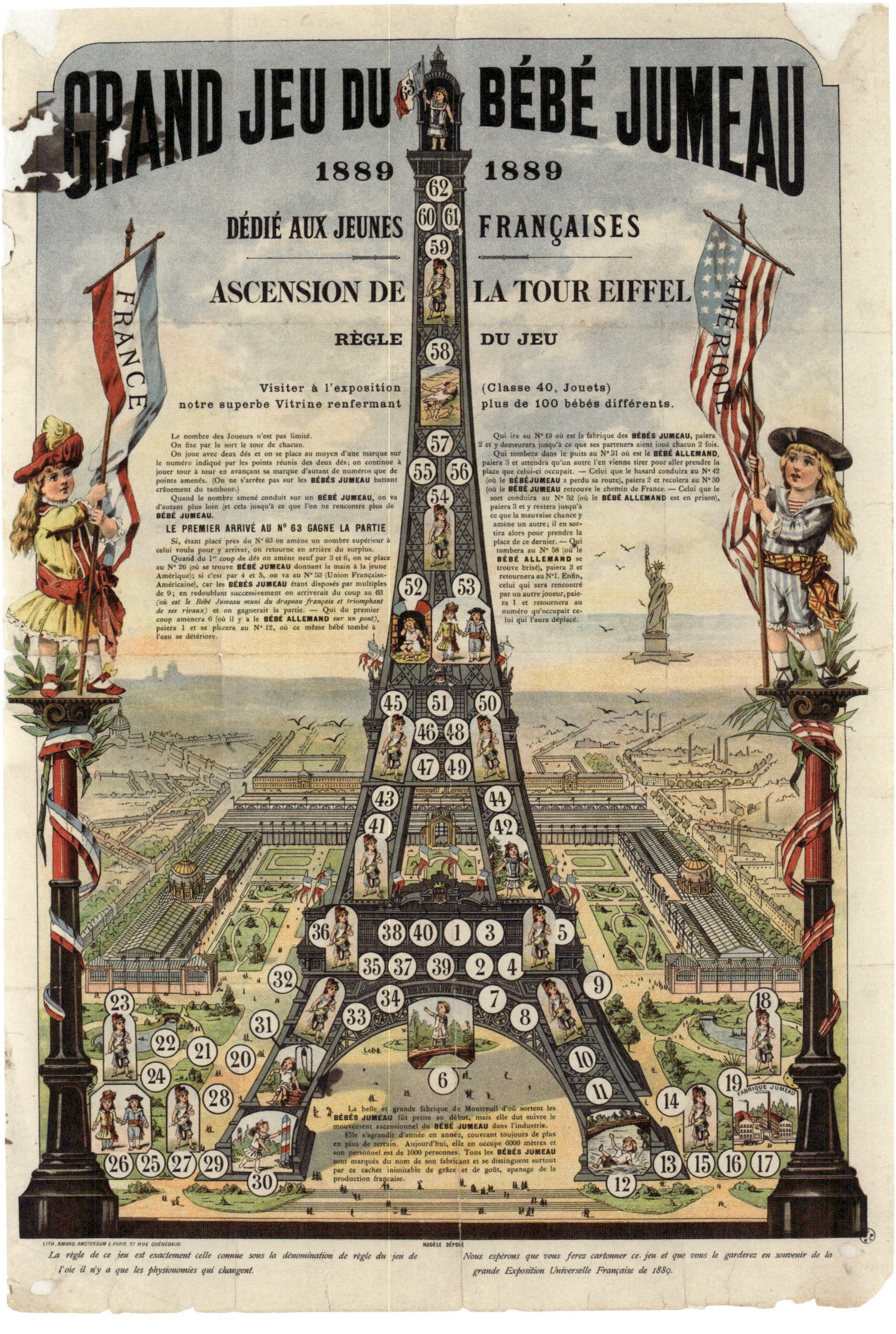
GRAND JEU DU BÉBÉ JUMEAU
1889 1889
DÉDIÉ AUX JEUNES FRANÇAISES
ASCENSION DE LA TOUR EIFFEL
RÈGLE DU JEU
FRANCE
AMÉRIQUE
Visiter à l'exposition (Classe 40, Jouets)
notre superbe Vitrine renfermant plus de 100 bébés différents.
Le nombre des Joueurs n'est pas limité.
On fixe par le sort le tour de chacun.
On joue avec deux dés et on se place au moyen d'une marque sur le numéro indiqué par les points réunis des deux dés; on continue à jouer tour à tour en avançant sa marque d'autant de numéros que de points amenés. (On ne s'arrête pas sur les BÉBÉS JUMEAU battant crânement du tambour.)
Quand le nombre amené conduit sur un BÉBÉ JUMEAU, on va d'autant plus loin (et cela jusqu'à ce que l'on ne rencontre plus de BÉBÉ JUMEAU.
LE PREMIER ARRIVÉ AU N° 63 GAGNE LA PARTIE
Si, étant placé près du N° 63 on amène un nombre supérieur à celui voulu pour y arriver, on retourne en arrière du surplus.
Quand du 1er coup de dés on amène neuf par 3 et 6, on se place au N° 26 (où se trouve BÉBÉ JUMEAU donnant la main à la jeune Amérique); si c'est par 4 et 5, on va au N° 53 (Union Française-Américaine), car les BÉBÉS JUMEAU étant disposés par multiples de 9; en redoublant successivement on arriverait du coup au 63 (où est le Bébé Jumeau muni du drapeau français et triomphant de ses rivaux) et on gagnerait la partie. — Qui du premier coup amènera 6 (où il y a le BÉBÉ ALLEMAND sur un pont), paiera 1 et se placera au N° 12, où ce même bébé tombé à l'eau se détériore.
Qui ira au N° 19 où est la fabrique des BÉBÉS JUMEAU, paiera 2 et y demeurera jusqu'à ce que ses parteners aient joué chacun 2 fois.
Qui tombera dans le puits au N° 31 où est le BÉBÉ ALLEMAND, paiera 3 et attendra qu'un autre l'en vienne tirer pour aller prendre la place que celui-ci occupait. — Celui que le hasard conduira au N° 42 (où le BÉBÉJUMEAU a perdu sa route), paiera 2 et reculera au N° 30 (où le BÉBÉ JUMEAU retrouve le chemin de France. — Celui que le sort conduira au N° 52 (où le BÉBÉ ALLEMAND est en prison), paiera 3 et y restera jusqu'à ce que la mauvaise chance y amène un autre; il en sortira alors pour prendre la place de ce dernier. — Qui tombera au N° 58 (où le BÉBÉ ALLEMAND se trouve brisé), paiera 3 et retournera au N°1. Enfin, celui qui sera rencontré par un autre joueur, paiera 1 et retournera au numéro qu'occupait celui qui l'aura déplacé.
FABRIQUE JUMEAU
La belle et grande fabrique de Montreuil d'où sortent les BÉBÉS JUMEAU fût petite au début, mais elle dut suivre le mouvement ascensionnel du BÉBÉ JUMEAU dans l'industrie.
Elle s'agrandit d'année en année, couvrant toujours de plus en plus de terrain. Aujourd'hui, elle en occupe 6000 mètres et son personnel est de 1000 personnes. Tous les BÉBÉS JUMEAU sont marqués du nom de son fabricant et se distinguent surtout par ce cachet inimitable de grâce et de goût, apanage de la production française.
LITH. AMAND. AMSTERDAM & PARIS, 27 RUE QUÉNÉGAUD
MODÈLE DÉPOSÉ
La règle de ce jeu est exactement celle connue sous la dénomination de règle du jeu de l'oie il n'y a que les physionomies qui changent.
Nous espérons que vous ferez cartonner ce. jeu et que vous le garderez en souvenir de la grande Exposition Universelle Française de 1889.

PELLERIN & Cie, imp.-édit. IMAGERIE D'ÉPINAL, N° 1706

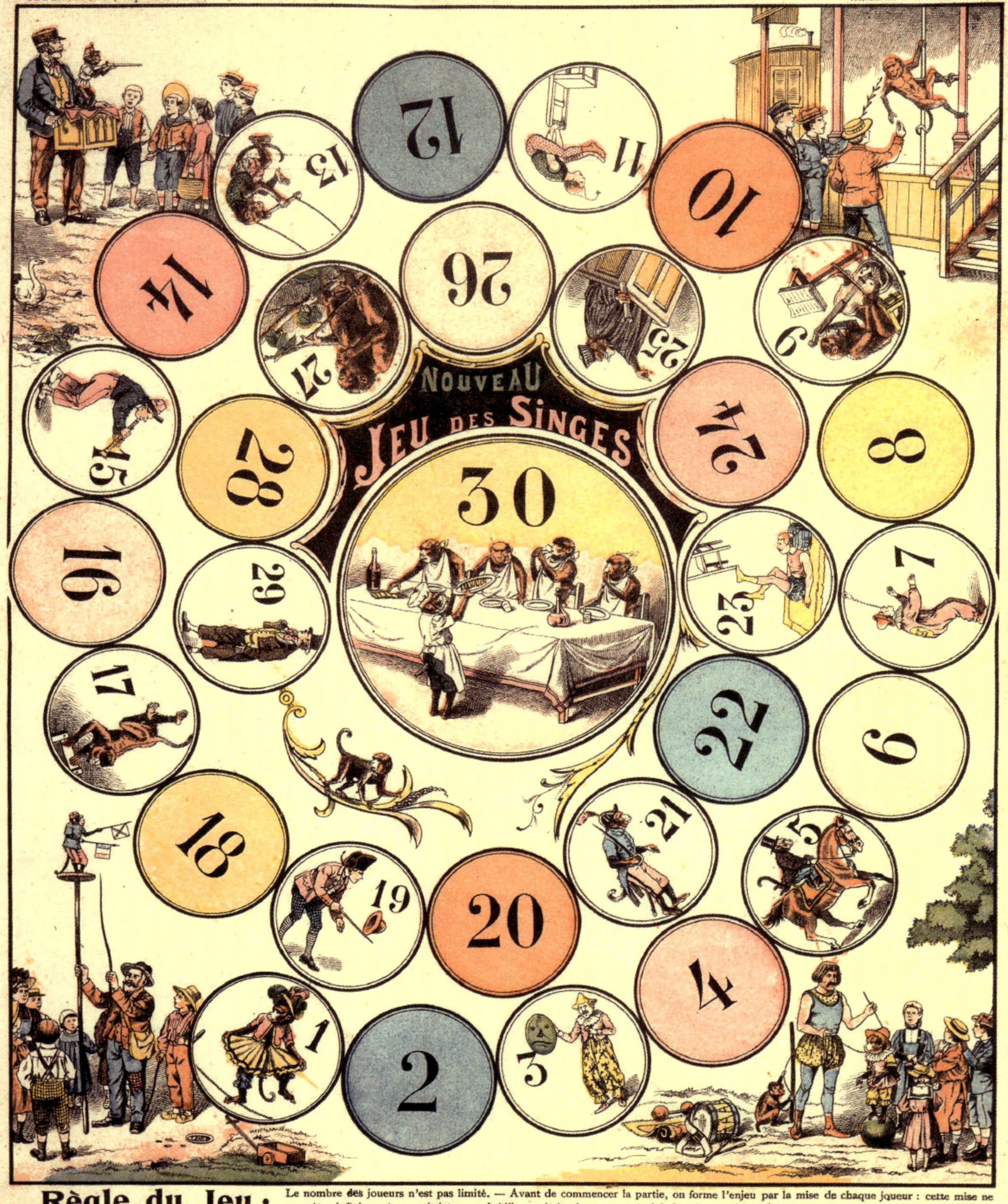

Règle du Jeu : Le nombre des joueurs n'est pas limité. — Avant de commencer la partie, on forme l'enjeu par la mise de chaque joueur : cette mise ne peut être inférieure à 12, soit jetons, soit billes, soit bonbons, ce qui plaît le mieux enfin pour intéresser la partie. — Ensuite, on tire au sort l'ordre des joueurs. — Chacun d'eux est muni d'une marque différente, généralement de petits jetons ronds de diverses nuances. — On joue avec un ou deux dés; et, suivant le résultat, on place sa marque sur le numéro correspondant au point amené ou au total de ces points.

Si l'on arrive ainsi sur un singe *costumé* (**1, 5, 13, 21, 25**) on prend **3** à l'enjeu. — Si l'on arrive sur un singe *non costumé* (**9, 17, 27**) on est obligé de recommencer la partie en payant en plus **4** pour l'amende. — Pour les chiffres seuls, si on tombe sur un de la première dizaine y compris **10**, on paie **2**; sur un de la seconde dizaine y compris **20**, on paie **4**; sur un de la troisième dizaine excepté **30**, on paie **6**. — Si on arrive sur un des personnages (**7, 11, 15, 19, 23**) on avance d'autant à partir de ce personnage. — Si on arrive au n° **29**, Auguste, on y demeure jusqu'à ce qu'un autre vienne vous délivrer en prenant votre place; seulement, on recommence la partie. — Si on arrive sur un numéro déjà occupé, on se substitue à l'occupant, qui, lui, va se placer au numéro **3** qui exprime sa déconvenue. — Enfin celui qui arrive le premier au numéro **30** (sans le dépasser, car autrement il rétrograde d'autant) gagne tout.

JEU DE L'OIE
Pour jouer à ce jeu, il faut deux dés, chaque joueur les jettera à son tour, et comptera sur le jeu, avec sa marque distinctive, autant de points que les dés en indiqueront.
Si, au commencement du jeu, quelqu'un faisait 9, qui peut se faire par 4 et 5 ou 3 et 6, comme les Oies sont disposées de 9 en 9, et qu'en redoublant le nombre, on arriverait à 63, il faut que celui qui fera 3 et 6 aille au nombre 26, où sont deux dés, et celui qui fera 4 et 5 se placera au nº 53 où sont deux autres dés.
Qui fera 6, où il y a un pont paiera le prix convenu et se placera au nombre 12 pour se noyer sous ce second pont.
Qui ira au nombre 19, où il y a une Hôtellerie, paiera le prix convenu et se reposera, tandis que les autres joueront 2 fois.
Qui ira au nombre 31, où il y a un Puits, paiera le prix convenu et restera là jusqu'à ce qu'un autre, faisant le même point, l'en retire, et lui ira à la place de celui qui l'en a retiré.
Qui aura 42, où il y a un Labyrinthe, paiera le prix convenu et retournera au nº 30.
Qui ira au nombre 52, où il y a une Prison, paiera le prix convenu et restera là jusqu'à ce qu'un autre l'en retire.
Qui ira au nombre 58, où il y a une Tête de mort, paiera le prix convenu et recommencera à jouer.
Enfin, celui qui sera atteint par l'un des joueurs paiera le prix convenu et ira à la place que celui-ci vient de quitter.
Celui qui arrive au nº 63, et fait plus de points qu'il n'en faut pour y rester, est obligé de reculer en comptant autant de points qu'il en a en trop, et il ne peut y entrer qu'en amenant le nombre juste qui atteigne 63.
63

LE JEU DE L'OIE

Le jeu de l'oie a depuis longtemps retenu l'attention des collectionneurs. Né dans l'Italie de la Renaissance, ce jeu de parcours a traversé les siècles en adaptant ses thèmes et son design aux diverses circonstances. Depuis le XXe siècle, les jeux de l'oie se sont diversifiés en reflétant parfois les préoccupations contemporaines et l'on trouve des graphismes très variés. Il est devenu un jeu presque réservé aux enfants et à la famille, qu'on a pu adapter à toutes sortes de thématiques.

Le tableau de jeu traditionnel se présente comme une succession de 63 cases formant une spirale. Chaque case porte un petit numéro et une image. La première case, la plus extérieure, représente une porte. Sur la case 9 et toutes les cases multiples de 9 figure une oie. Avant d'arriver au but du jeu, la case 63, le « jardin de l'oie », on rencontre toutes sortes d'accidents : un pont, un puits, une prison, etc. Comme la marelle à cloche-pied, le jeu est tout empreint de symboles : le puits, par exemple, signifie la synthèse des trois éléments, eau, terre, air, et il est un symbole de connaissance ; la prison est en réalité une renaissance ; la case de la mort, proche de la fin du parcours (case 58) et souvent rencontrée, oblige à repartir du début. L'oie elle-même représente l'âme des pharaons dans la civi-lisation égyptienne et la fatalité en Grèce. Conduisant le joueur novice de la Terre vers le jardin d'Éden, il s'agit bien d'un jeu initiatique dont les enfants ne saisissent évidemment pas toute la portée…

DOUBLE PAGE PRÉCÉDENTE, À GAUCHE : Grand jeu du bébé jumeau. Lithographie coloriée, 1889. À DROITE : Le jeu des singes. Image d'Épinal, fin du XIXe siècle.

PAGE DE GAUCHE : Plateau de jeu de l'oie, début du XXe siècle.

DOUBLE PAGE SUIVANTE : Plateau de jeu de l'oie, fin du XVIIIe siècle.

Henri IV chez le Fermier
REGLES GENERALES DU JEU
LA BONTE
LA PHILOSOPHIE
VOLTAIRE
LA TOLERANCE
LA VIGILANCE
LA DISSIMULATION
LA LIBERTE
LA COURONNE CIVIQUE
LE GENIE DE LA LIBERTE
MIRABEAU
Relevez vous donc Sully, ils vont croire que je vous pardonne

T INSTRUCTIF,
ES ET AMUSANTES,
enri IV et le Pere Gerard.
la Poule au Pot
LA CRUAUTÉ
LE COURAGE
MONTESQUIEU
LA BANQUEROUTE
LES GUERRES CIVILES
LA SEDUCTION
LE POUVOIR JUDICIAIRE
L'AUTEL DE L'HYMEN
LES CITOYENNES FRANÇOISES
CONSTITUTION
REGLES PARTICULIERES DU JEU
et relatives aux Nos. marqués
No. 5. La Seduction paye
No. 9. Henry IV gagne
No. 18. Le Despotisme meurt
No. 21 La dette nationale paye à volonté
No. 25 Le Clergé avarice vers 55
No. 26 La Noblesse retourne
No. 27 L'intrigue est annulle
No. 28 Les Ministres sont
au No. 60.
No. 30 Les Lettres de Cachet
No. 31 La Bastille
No. 32 Les Fermiers Géné
No. 34 Montesquieu passe
les Nos. 49 et 56 pour aller
No. 75, quand bien
No. 35 Le courage
No. 38 Voltaire
No. 44 La Revolution
No. 45 Mirabeau parvient
No. 46 L'Assemblée Nationale
parvient a 73
No. 47 Le Don patriotique
a 53 et paye à volonté
No. 48 La Religion
No. 50 La France
No. 54 Le 14 Juillet
passe a 74
No. 57 Les Princes
No. 61 Louis XVI
No. 62 Le Dauphin
No. 63 Varennes
No. 66 Les Contres
vont au No. 19
No. 67 Les Aristocrates
No. 68 Les Moines sont
No. 69 La Discorde
No. 70 L'Inconstance
No. 72 Les Citoyennes Françoises
gagnent 6
No. 83 La Nouvelle
gagne la partie
Nota Mourir
ne plus exister;
veulent dire Sortir du jeu.
Pour
renouveller la mise.
Le Tems delivre la France
u coin de celle des Mathurins

Demandez les PATES ALBERTINY & Cie
Chez les Principaux Épiciers
Si vous rêvez dominos
CLEF DES SONGES
Série
de 84 cartes
Vous irez au bal masqué.

LES DOMINOS

Le jeu des dominos donne lieu à des parties acharnées entre adultes dans les cafés, de Cuba à la Normandie, de l'Afrique du Nord à l'Ukraine… C'est cependant un des souvenirs d'enfant les plus chers, avec des parties en famille où toutes les générations se retrouvent autour de la table.

Les dominos plaisent aux enfants, qui les trouvent toujours un peu mystérieux, avec leurs combinaisons de points dessinées ou gravées. Ils peuvent rester des heures à jouer seuls, sans règle, les classant, les triant, les empilant. Ils s'amusent aussi à les mettre debout et à vérifier comment une pichenette sur le premier peut faire dégringoler en chaîne toutes les pièces de la boîte. Mais les pièces ne sont pas si mystérieuses que cela ! Elles reprennent tous les arrangements possibles de deux faces de dés en y ajoutant les blancs. On en a ainsi 28 différentes :

6-6	6-5	6-4	6-3	6-2	6-1	6-0
5-5	5-4	5-3	5-2	5-1	5-0	
4-4	4-3	4-2	4-1	4-0		
3-3	3-2	3-1	3-0			
2-2	2-1	2-0				
1-1	1-0					
0-0						

Le but du jeu, en général, consiste à poser à tour de rôle les pièces sur la table en formant une chaîne. Les doubles sont placés traditionnellement en travers. Les joueurs doivent s'efforcer de se débarrasser de leurs pièces.

PAGE DE GAUCHE : Chromo publicitaire, vers 1900.

La règle

Nombre de joueurs : de 2 à 4.

Durée : environ 1 heure.

Âge minimum : 6 ans.

Sens du jeu : sens des aiguilles d'une montre.

Mélangez les dominos face cachée sur la table. Chaque joueur en prend six. Le reste constitue la pioche.

Pour commencer la partie, appelez le double 6. Si personne ne l'a, appelez le double 5, et ainsi de suite jusqu'à ce qu'un joueur ait un double à poser sur la table. Chacun à son tour peut placer une pièce à l'un des bouts de la chaîne, à condition que les points d'une des faces coïncident avec la face libre du domino qui est sur la table.

Si un joueur ne peut pas jouer, il pioche un domino dans le talon : si celui-ci convient, il peut le poser, sinon il repioche, etc., jusqu'à ce qu'il puisse poser ou jusqu'à extinction du talon. La fin du tour de jeu intervient dans deux cas : si un joueur a posé tous ses dominos, on dit alors qu'il « fait domino » ; ou si le jeu est bloqué, car plus personne ne peut jouer. Les joueurs à qui il reste des pièces totalisent les points et marquent ce score. La partie s'arrête quand un joueur a atteint 150 points. Celui qui a le plus petit score a gagné.

LOTO ALPHABÉTIQUE
LE PLUS INSTRUCTIF
DES JEUX DE SOCIÉTÉ
ENFANTINS
FRANCE
ANE
Imp. BLÉJEAN. PARIS

PAGE DE GAUCHE : Étiquette de couvercle de boîte de jeu édité en 1905.

CI-CONTRE : Cartons de jeu de loto mathémathique, vers 1900.

LE LOTO DES FAMILLES

Dans toutes les boîtes de jeu familiales, le grand classique est le loto des familles.

Rien de plus simple que le jeu de loto. Né en Italie à la Renaissance, sa version familiale sert surtout à rassembler toute la famille dans un même jeu, certes un peu vieillot, mais qui plaît aux enfants dès qu'ils savent reconnaître leurs chiffres.

D'ordinaire, le matériel se compose de 90 boules portant les nombres de 1 à 90. Vous distribuez aux participants 24 cartons tous différents : chacun porte 15 des 90 nombres, répartis en trois rangées de neuf cases qui ne sont pas toutes remplies. Tous les joueurs recevront le même nombre de cartons, variable selon le nombre des participants.

Le meneur de jeu – qui peut jouer lui-même – tire une boule d'un sac et annonce le nombre à haute voix. S'il figure sur un de vos cartons, vous posez un pion sur la (ou les) case(s) en question. Lorsque vous annoncez une combinaison avant que la boule suivante soit tirée, vous touchez une prime en jetons, selon le barème suivant :

– lorsque vous remplissez deux cases de la même ligne, vous annoncez « ambe » et vous touchez 2 jetons ;

– lorsque vous remplissez trois cases de la même ligne, vous annoncez « terne » et vous touchez 3 jetons ;

– lorsque vous remplissez quatre cases de la même ligne, vous annoncez « quaterne » et vous touchez 4 jetons ;

– lorsque vous remplissez cinq cases de la même ligne, vous annoncez « quine » et vous touchez 5 jetons.

Dès qu'un joueur a rempli une de ses plaques, la partie s'arrête et il remporte le gros lot, dont le montant est fixé à l'avance (100 points par exemple).

Vous faites alors les comptes et le plus riche en jetons gagne.

LE JEU
DU NAIN
PELLERIN & Cie
A
EPINAL

PAGE DE GAUCHE : Image d'Épinal, fin du XIXe siècle.

DOUBLE PAGE SUIVANTE : Boîte du Jeu de l'enfant sage, édité vers 1910.

LE NAIN JAUNE

Tous les enfants reçoivent en cadeau, pour un Noël ou un anniversaire, une de ces grosses boîtes de jeu contenant de quoi jouer à tous les jeux de société classiques : toutes contiennent un nain jaune. Jeu de chance, jeu de mise, jeu d'argent... Pourquoi pas ? Il s'agit d'abord du jeu familial par excellence : simple, rapide, animé, avec une grande circulation de jetons, il est plein d'attraits !

Ce jeu date sans doute du XVIIIe siècle. Il s'est d'abord appelé « jeu de Lindor », mais on ne sait rien sur l'origine de ce nom. Sur des boîtes de jeu anciennes, on voit représenté sous le 7 de carreau un petit personnage bouffon... qui deviendra le nain jaune et donnera son nouveau nom au jeu. On a parfois rapproché la disposition du plateau de nain jaune de celle des vitraux où le Christ est représenté au centre avec les quatre évangélistes dans les angles : l'intention de parodie serait alors évidente...

Mais ce qui plaît surtout aux enfants, c'est que l'on joue vite, que l'on peut être nombreux et que l'on manie des jetons. On voit déjà le caractère des petits se dessiner : le renfrogné qui est mauvais perdant, l'extraverti qui pousse des cris de joie chaque fois qu'il pose une « belle carte » et remporte des jetons, l'amateur d'ordre qui empile très soigneusement ses jetons et les classe inlassablement... Pour les adultes, le spectacle est autour de la table.

Déroulement du jeu : le joueur placé à la droite du donneur pose la plus longue série croissante de cartes dont il dispose, sans se soucier de leur couleur, en annonçant au fur et à mesure ce qu'il pose puis la carte sur laquelle s'arrête sa série. Par exemple : « Deux, trois, quatre, cinq ! Sans six ! » Son tour s'arrête alors et le joueur suivant enchaîne de la même manière. Celui qui pose ainsi un roi peut commencer une nouvelle série à partir de la hauteur qu'il désire. Si aucun joueur ne peut continuer une série, celui qui a posé la dernière carte peut en entamer une nouvelle. Quand un joueur pose une des « belles cartes », c'est-à-dire celles du plateau de nain jaune, il empoche les enjeux de la case correspondante. Sauf s'il oublie de le faire et si le joueur suivant a déjà joué.

Dès qu'un joueur a posé sa dernière carte, la partie s'arrête. Celui qui a encore en main une « belle carte » double la mise de la case correspondante ! Chaque joueur paie au gagnant autant de jetons que les points qui lui restent en main, les honneurs valant 10.

Si le premier joueur parvient à aligner toutes ses cartes sans que les autres aient joué, on dit qu'il fait « grand opéra », et il ramasse toutes les mises du plateau, en plus de ce que les autres lui paient ! Un autre tour commence ensuite : on verse à nouveau les mises dans les cases, sans se préoccuper de ce qui reste éventuellement dedans.

La règle

Nombre de joueurs : de 3 à 8.
Durée : environ 1 heure.
Âge minimum : 7 ans.
Matériel : un jeu de 52 cartes, un plateau de nain jaune à cinq cases et des jetons.
Sens du jeu : le sens contraire des aiguilles d'une montre.
Préparatifs : tous les joueurs reçoivent le même nombre de jetons, 500 par exemple.
Chacun pose alors les mises suivantes sur le plateau de nain jaune : 1 jeton sur le 10 de carreau, 2 jetons sur le valet de trèfle, 3 jetons sur la dame de pique, 4 jetons sur le roi de cœur, 5 jetons sur le 7 de carreau (le nain jaune).
On tire alors au sort le donneur, qui va distribuer les cartes selon le nombre de joueurs en formant un talon mis de côté : 3 joueurs, 15 cartes chacun et 7 au talon ; 4 joueurs, 12 cartes chacun et 4 au talon ; 5 joueurs, 9 cartes chacun et 7 au talon ; 6 joueurs, 8 cartes chacun et 4 au talon ; 7 joueurs, 7 cartes chacun et 3 au talon ; 8 joueurs, 6 cartes chacun et 4 au talon.

Jeu de l'E
sage
Instructif

fant
musant
ANE
EC

MELLE. ROSE
MELLE. ROSE

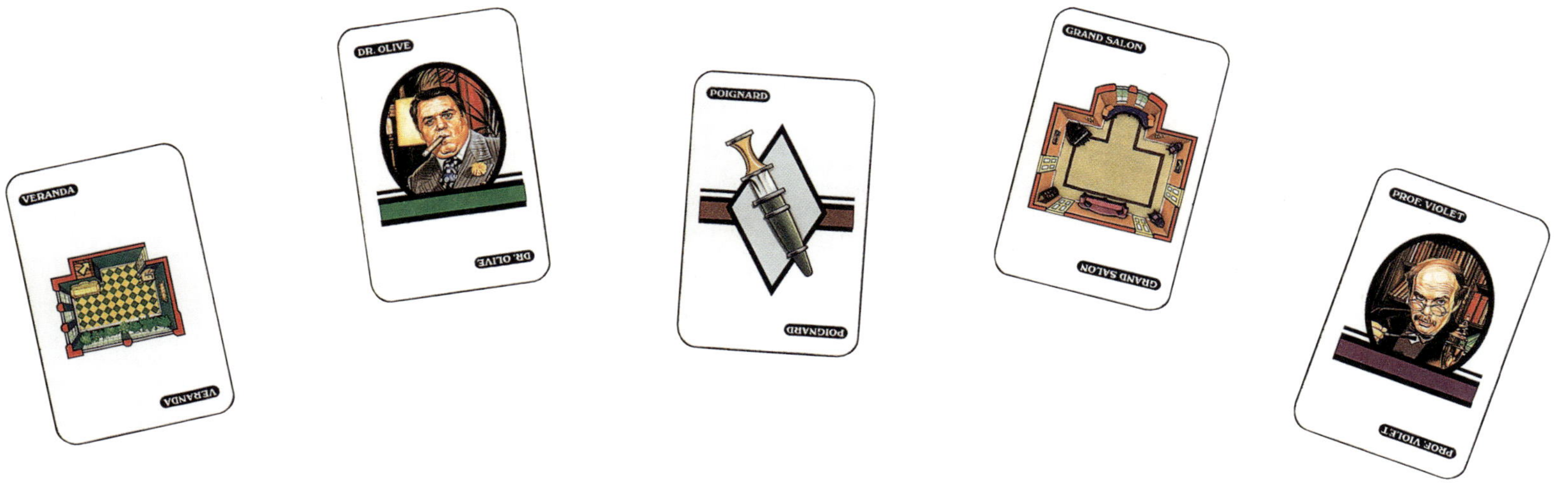

LE CLUEDO®

Tout aussi passionnant que le Monopoly®, le Cluedo® a formé des générations de détectives en herbe. Son nom vient de la fusion de deux mots : l'anglais *clue*, « indice », et le latin *ludo*, « je joue ». Qui a tué le docteur Lenoir dans le manoir Tudor ? S'agit-il de mademoiselle Rose, armée d'un chandelier, dans la véranda ? Ou du professeur Violet, muni d'une clé anglaise, dans la salle de billard ? Ce jeu de déduction a été inspiré par l'univers « british » de la littérature policière. Il a été conçu juste après la guerre par Anthony Pratt, commercialisé en Angleterre en 1949 et traduit en français deux ans plus tard. Grâce à lui, des générations d'enfants se sont pris pour Hercule Poirot…

Le principe est simple : les indices figurent sur des cartes. Au début du jeu, on isole la bonne combinaison, avec coupable, lieu, arme, on répartit secrètement les autres cartes entre les enquêteurs. Ensuite, les joueurs déplacent leurs pions dans le manoir et posent des questions aux autres joueurs pour deviner les cartes qui n'ont pas été distribuées. Les indices se révèlent peu à peu, et votre cœur bat à toute allure quand vous avancez votre hypothèse : attention, l'erreur est fatale et risque de vous faire exclure de la course à la victoire…

Les personnages : mademoiselle Rose, colonel Moutarde, madame Leblanc, docteur/révérend Olive, madame Pervenche, professeur Violet.
Les armes : poignard, revolver, matraque, chandelier, corde, clé anglaise.
Les lieux : cuisine, grand salon, véranda, salle à manger, cave (où l'on pose les cartes de la combinaison gagnante), salle de billard, bibliothèque, petit salon, hall, bureau.

PAGE DE GAUCHE ET EN HAUT : Le Cluedo® est d'abord un jeu de déduction, même s'il utilise des cartes comme celles-ci.

MONOPOLY

LE MONOPOLY®

Le Monopoly® est sans doute le roi des jeux de société. Tout le monde a en mémoire des parties – souvent interminables – mais animées et passionnantes de ce jeu immobilier. Il fut créé en 1933, quelques années après le fameux krach boursier, par un chauffagiste américain au chômage originaire de Pennsylvanie, un certain Charles Darrow. Il s'inspirait sans doute d'un autre jeu un peu antérieur, inventé par Elizabeth J. Magie au début du XXe siècle, le Landlord's Game, réédité en 1932 sous le nom de Finance. Toujours est-il qu'après avoir été refusé par la société d'édition de jeux Parker Brothers, qui y voyait « 52 erreurs fondamentales », le Monopoly® a fini par rendre son inventeur milliardaire !

Avec son plateau carré, son parcours semé d'embûches, comme la case « prison », ses gares, ses noms de rues, notamment dans la version française sa fameuse rue de la Paix – devenue le symbole du plus grand luxe –, et son principe de loyers à payer dès qu'on tombe sur une case dont un autre joueur est propriétaire, le Monopoly® a assuré et assure encore des après-midi entières de distraction en famille.

Le matériel est plaisant, avec les maisons, les hôtels, les cartes de propriété, les billets de banque et les pions figuratifs (voiture, loco...). Hypothèque, faillite, prison, les 20 000 F de la case départ : tout un folklore amusant entoure le jeu et reste associé à de bons souvenirs d'enfance.

Des règles rapides

Pour raccourcir la durée du jeu et le dynamiser, plusieurs solutions (à combiner) sont possibles. On peut décider d'une heure de fin (sonnerie d'un réveil). On finit alors le tour pour que tous les joueurs aient joué le même nombre de coups, et on fait les comptes : le plus riche gagne ! On peut distribuer deux cartes de propriété aux joueurs au début de la partie.
À la fin de chaque tour, on peut mettre aux enchères une carte de propriété qui n'a pas été encore achetée, jusqu'à ce que toutes les cartes soient aux mains des joueurs.

PAGE DE GAUCHE : Jeu familial par excellence, le Monopoly® initie les enfants à quelques principes stratégiques assez intéressants.

CI-CONTRE : Plateau de jeu de Monopoly®, 2004.

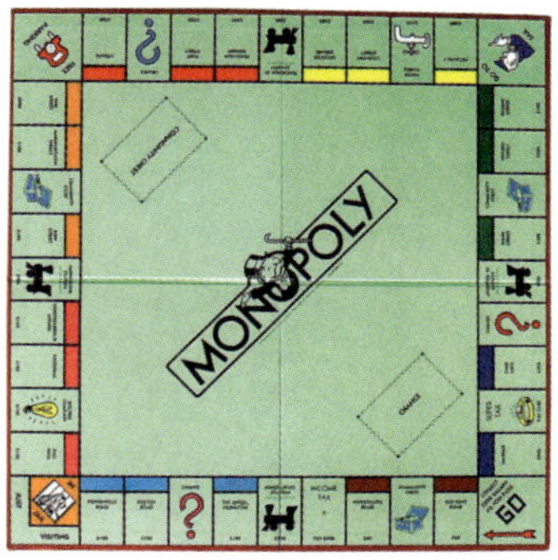

P
PANNE
D'ESSENCE

PAGE DE GAUCHE : Aux 1 000 Bornes, les aléas ne manquent pas et la panne d'essence est bien pénalisante dans la course acharnée à laquelle se livrent les joueurs.

LE 1 000 BORNES®

Les jeux de société suivent de très près l'évolution de la société. S'il ne fallait en donner qu'une preuve, il suffirait d'évoquer le jeu des 1 000 Bornes®. Ce jeu est bien le reflet de l'âge d'or de la voiture individuelle à partir de la fin des années 1950 et son succès ne se dément pas depuis. Édité en 1956 par Dujardin – qui imprimait par ailleurs des codes de la route –, ce jeu de cartes fantaisie fait du joueur un conducteur : mais il ne s'agit pas ici de course de F1, simplement d'un parcours de 1 000 km à boucler le premier. S'agirait-il de la distance qui sépare Paris et la Côte d'Azur par la fameuse nationale 6, symbole les vacances ? Tout le plaisir du jeu réside dans l'interaction et dans les cartes par lesquelles on peut bloquer ses adversaires : crevaison, panne d'essence, accident… Chaque mauvaise carte a sa parade (« roue de secours » par exemple) mais il faut tout de même trouver un « feu vert » à poser pour pouvoir repartir.

Heureusement, il y a les « bottes », dont les noms sont dans toutes les mémoires : as du volant, véhicule prioritaire… Si on les garde en main et qu'on les abat au moment où l'adversaire cherche à vous handicaper, c'est avec un sourire triomphant qu'on peut les poser en s'écriant « coup fourré » !

Roller Catch
TILT
FRANCE
MILLIONS
1 2 3 4 5 6 7 8

PAGE DE GAUCHE :
Catherine Demongeot dans le film *Zazie dans le métro*, de Louis Malle, d'après le roman de Raymond Queneau. 1960.

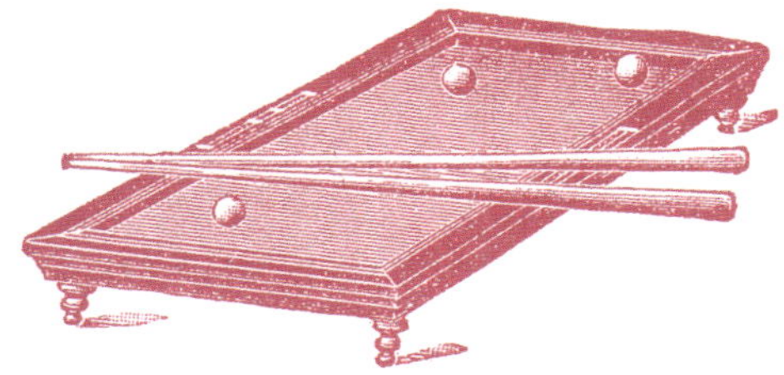

BABY-FOOT, BILLARD ET BILLARD ÉLECTRIQUE

C'est bien connu, les petits aiment imiter leurs grands frères adolescents. Et c'est ainsi que les jeux de café peuvent se retrouver en miniature à la maison !
Au lieu des baby-foot massifs qui trônent à l'arrière des bistrots, au lieu des billards aux tapis verts sur lesquels on se penche en se concentrant pour ne pas rater son effet rétro, au lieu des flippers tonitruants et illuminés, les petits rêvent en posant sur la table des succédanés un peu légers... Ils savent qu'un jour ils pourront eux aussi aller disputer des parties acharnées à l'extérieur, mais pour le moment ils se contentent d'un baby monté sur des petits pieds en tubes d'alu pas bien solides, d'un tout petit billard avec des mini-queues qui ne permettent aucun jeu sur les bandes, d'un mini-billard électrique fonctionnant sur piles qui « tilte » comme les grands, mais où il n'est pas question de réaliser des amortis ou des fourchettes... C'est tellement agréable de s'imaginer à l'âge de l'adolescence quand on n'a que huit ans !

La règle du baby-foot
Lorsqu'on joue à la maison sur un petit baby-foot, on ne va pas adopter les règles des compétitions de bar. Il faut simplement se mettre d'accord sur quelques conventions.
Par exemple, c'est celui qui vient d'encaisser un but qui fait la nouvelle mise en jeu.
Si la balle sort du but après y être entrée, le but est accordé, même si on appelle cela une « gamelle ». Faut-il ou non autoriser les « roulettes » ou « tourniquets », c'est-à-dire faire tourner très vite les rangées de joueurs, ce qu'adorent les enfants ? Dans le jeu officiel, c'est très réglementé... Dans les parties acharnées des jours de pluie, il est quasi impossible de l'interdire ou même de le contrôler !

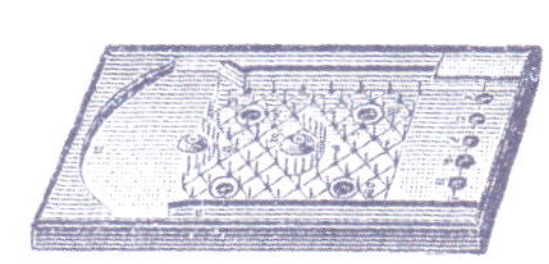

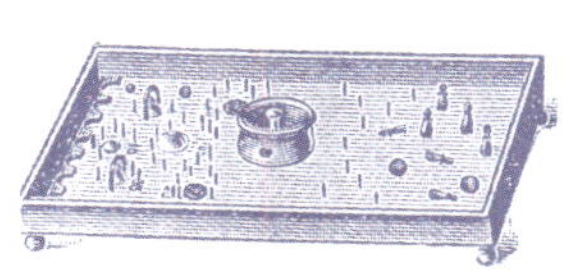

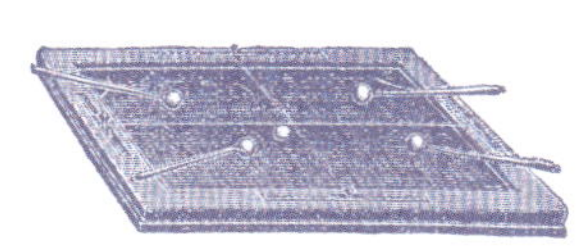

LES ENFANTS DU CAPITAINE GRANT.
COYEN. EDITEUR. PARIS.
1. Révolte de l'e
2. Lord Glenarva annonce qu'il va se mettre à la recherche de Gran
GRANT JETTE LA BOUTEILLE À LA MER.
3. Lord Glenarv raconte comment il a tro la bouteille.
4. istraction de Paganel

PAGE DE GAUCHE : Planche de puzzle d'après *Les Enfants du capitaine Grant*, de Jules Verne, vers 1880.

CI-CONTRE : Les premiers puzzles ne comportent pas beaucoup de pièces, mais ils constituent un exercice assez difficile pour les plus jeunes. Couverture du catalogue du Printemps présentant les articles de l'hiver 1937.

EN SOLITAIRE

Quelques activités servent de passe-temps au sens propre du mot.

Le plus stratégique, et qui n'est pas propre aux enfants, est le solitaire. Il s'agit d'un des rares jeux de pions qui ne se joue pas à deux. Et un enfant calme peut y passer des heures en tentant à chaque fois d'améliorer son propre score.

Tous les enfants ont aussi joué à des jeux de taquin, souvent publicitaires, qui ont l'avantage de tenir dans la poche et de pouvoir apporter de la distraction n'importe où. Le jeu du taquin original, inventé en 1870 aux États-Unis par Sam Loyd, comportait seulement 15 pièces sur un plateau composé lui-même de 16 emplacements. Le jeu s'est ensuite répandu et, lorsqu'il est arrivé en France, on l'a d'abord appelé « double casse-tête gaulois ».

Qu'ils soient décorés avec des chiffres (comme dans la version originale) ou bien avec des dessins ou des phrases écrites, les taquins constituent un véritable entraînement cérébral. Même si la plupart des joueurs tâtonnent en faisant glisser les pions, on peut aussi chercher des stratégies de déplacement et de substitution plus habiles pour remettre chaque chose à sa place en un minimum de coups.

Enfin, les puzzles constituent un passe-temps extraordinaire, à partager aussi en famille. Les modèles éducatifs pour les plus petits sont faits de quelques pièces, mais dès qu'on est touché par le virus, on passe peu à peu à des puzzles plus grands et plus complexes. Les premiers puzzles en bois sont nés en Angleterre dans la seconde moitié du XVIIIe siècle. Vers 1760, un imprimeur londonien, John Spilsbury, a créé les premiers puzzles sur carton, qui ont démocratisé le jeu. Tous les jeunes écoliers ont ainsi pu apprendre ludiquement et sans douleur leur géographie…

C'est encore parmi les jeux en solitaire que l'on peut classer certaines activités manuelles ludiques qui subissent, elles aussi, des modes. Ainsi, le tricotin est lié à une époque où les enfants voyaient souvent leur mère tricoter et voulaient les imiter, filles comme garçons. Il suffisait que la maman noue les premiers brins de laine autour des petits clous du tricotin, sorte de bobine creuse, pour qu'ensuite l'enfant, muni d'une grosse aiguille à bout rond, aligne les mailles en tournant et en créant une sorte de boudin de laine assez analogue à un scoubidou. Plus tard, on verra fleurir les bracelets brésiliens et autres petits tissages dont raffolent les fillettes…

La règle du solitaire
Tous les pions sont d'abord disposés sur toutes les intersections du diagramme. Puis on crée un vide en enlevant le premier pion, et le but du jeu consiste à faire disparaître tous les pions (sauf un, le dernier) en sautant par-dessus les pièces et en les enlevant une à une. Aujourd'hui, on trouve deux modèles de diagramme : le français et l'anglais. Ils diffèrent légèrement, mais offrent les mêmes richesses tactiques.

LIMONAIRE F.
PARIS
50

JOUR DE FÊTE

LES JEUX DE SQUARE

LES JEUX FOLKLORIQUES

LA KERMESSE

LES MANÈGES

DOUBLE PAGE PRÉCÉDENTE : Entre la balançoire et le manège, le manège de chaises volantes fait partie des premières attractions qui donnent le tournis. 1910

PAGE DE GAUCHE : Même si les modèles ont été perfectionnés, la balançoire est depuis longtemps la star des squares. Couverture d'un magazine anglais, vers 1900.

LES JEUX DE SQUARE

Depuis le XIXe siècle, les jeunes citadins ont un morceau de campagne dans leur ville : le square. Il s'agit souvent de petits espaces préservés de l'urbanisation, avec quelques arbres, quelques bancs et, surtout, des espaces de jeux pour les enfants. Les plus beaux squares, comme le Luxembourg à Paris, possèdent un plan d'eau où les enfants sages, souvent accompagnés de leur père, viennent faire naviguer des maquettes de bateau plus ou moins sophistiquées.

Jusque dans les années 1950, les enfants jouaient encore directement dans la rue. Mais, avec la prolifération des voitures, le square est devenu le seul endroit pour jouer et pour retrouver les copains du quartier, qui ne vont pas forcément à la même école.

Autrefois, on repérait à leur tenue stricte les nurses chics dans les squares des beaux quartiers. Maintenant, le square est aussi le lieu où les enfants de toutes les classes sociales se retrouvent, apprennent à vivre et à jouer ensemble. Mais l'espace s'adapte aussi aux goûts des enfants d'âges différents : d'un côté le bac à sable pour les plus jeunes, de l'autre les aménagements pour les plus mûrs ou les plus dégourdis, car on voit toujours des tout-petits intrépides s'aventurer dans le terrain de jeu des casse-cou.

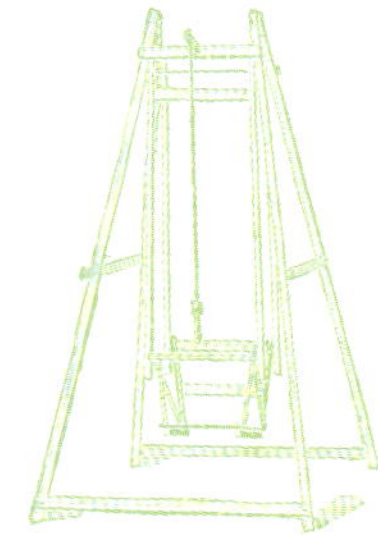

CP

DOUBLE PAGE PRÉCÉDENTE : ***Le jardin public*****. Panneau scolaire des éditions Rossignol, années 1950-1958.**

PAGE DE DROITE : Gare aux échardes sur le vieux toboggan en bois ! C'est la patine du temps qui assure la bonne « glisse » pour les garçons en culottes courtes. 1952.

Des heures durant, dans le bac à sable, on peut rêver qu'on est à la mer : on fait des pâtés, on creuse des trous, on transvase et on apprend la propriété privée en découvrant les cris stridents d'un enfant dont un autre a « emprunté » la pelle ou le râteau. Et combien de goûters tombés dans le sable et irrémédiablement perdus !

Un peu plus loin, les balançoires, les toboggans, les tapeculs permettent de découvrir d'autres joies, tout aussi répétitives mais qui donnent le sentiment de s'envoler sur la balançoire, de glisser le long du toboggan, d'échapper à la pesanteur et de défier les lois de la gravité en grimpant sur la cage à poules… Les tourniquets font rêver aux manèges ; les petits chevaux montés sur ressort font rêver à Buffalo Bill, dans un exercice de rodéo périlleux ! Et puis on doit apprendre à faire la queue dès que le square est très fréquenté : on entend « prem's ! » et on voit un petit garçon doubler toute la file pour se précipiter sur l'échelle du toboggan. Heureusement, les parents veillent au grain pour que les disputes ne dégénèrent pas en bagarre et que les bousculades ne virent pas au drame et ne finissent pas dans les pleurs…

le toboggan
avec des
maillots mouillés

Tous les Mardis

ABONNEMENTS : UN AN
Seine et Seine-et-Oise. 13 fr.
Départ. 14 fr. Étrang. 16 fr.

Le petit inventeur

Lettres et Mandats à
ALBIN MICHEL, Éditeur
22, r. Huyghens, Paris (14e)

LES JEUX FOLKLORIQUES

Dans chaque région, des particularismes existent et des jeux traditionnels passionnent grands et petits. C'est l'occasion d'initier les plus jeunes à des activités partout assez comparables, mais qui portent des noms locaux. Ainsi les clos (ou claus) dans l'Hérault désignent des noyaux d'abricot que les enfants conservent comme un trésor et qu'ils utilisent pour jouer à des jeux de billes, ou comme palets pour des jeux de tir et d'adresse.

En Bourgogne, l'écrivain Rétif de La Bretonne, dans son autobiographie intitulée *Monsieur Nicolas*, décrivait déjà des jeux pratiqués au XVIIIe siècle par les enfants qui se réunissaient pour jouer le soir dans la prairie : escarpolette (balançoire), réalisée avec les licous de cheval liés ensemble ; jeu de la chèvre, dans lequel il fallait abattre un bâton fiché en terre en lançant dessus d'autres bouts de bois. Le jeu de la pucelle consistait à couvrir une jeune fille de toutes les vestes et tabliers de l'assemblée en formant une pyramide sur elle. Puis les filles se mettaient autour d'elle et la défendaient contre les garçons, qui devaient chercher à enlever toutes les pièces de vêtement. Tout cela s'accompagnait de petites chansons et comptines. Il raconte aussi longuement le déroulement du jeu du loup, qu'on retrouve un peu partout dans les campagnes et qu'il présente comme une sorte de colin-maillard.

L'inventaire de tous les jeux folkloriques pourrait emplir un livre entier. Mentionnons encore les jeux bretons, bien particuliers, souvent pratiqués lors des pardons. Qu'il s'agisse de la galoche bigoudène (proche de la pétanque mais qui se joue avec des palets en métal), des jeux de boules variés (pendante, montante, boull-tenn, etc.), des jeux de quilles, du jeu du bouc ou de la pilipette (qui sont des jeux de bâton), des jeux de toupie (*kornigell* en breton), ce sont des jeux de plein air, voire de bergers à l'origine.

La règle de la galoche bigoudène

Pour jouer, il faut disposer d'un billot de bois sur lequel on dépose la galoche, qui se présente comme un petit cylindre de bois d'environ 6 cm de hauteur. Placés à 9 m de cette cible, les joueurs vont lancer des palets en métal d'une dizaine de centimètres de diamètre et pesant 900 g pour faire tomber la cible. On lance en rafale deux fois ses six palets, et quelqu'un est chargé de remettre la galoche en place au fur et à mesure en cas de succès. Puis on compte les points. Dans certaines versions, avant la Première Guerre mondiale, on empilait des pièces de monnaie sur la galoche et celui qui parvenait à la faire tomber les empochait. C'est un jeu familial qui donne lieu aussi à des compétitions au sein de nombreux clubs et dans des aires de jeu créées tout exprès, les « galochodromes ».

PAGE DE GAUCHE : Les fêtes nautiques permettent toujours à de curieuses embarcations de faire leur apparition. La course en baquet, couverture du *Petit Inventeur*, 1924-1925.

DOUBLE PAGE SUIVANTE : Les petits Normands à la buvette de la kermesse de Viroflay (Yvelines). 1922.

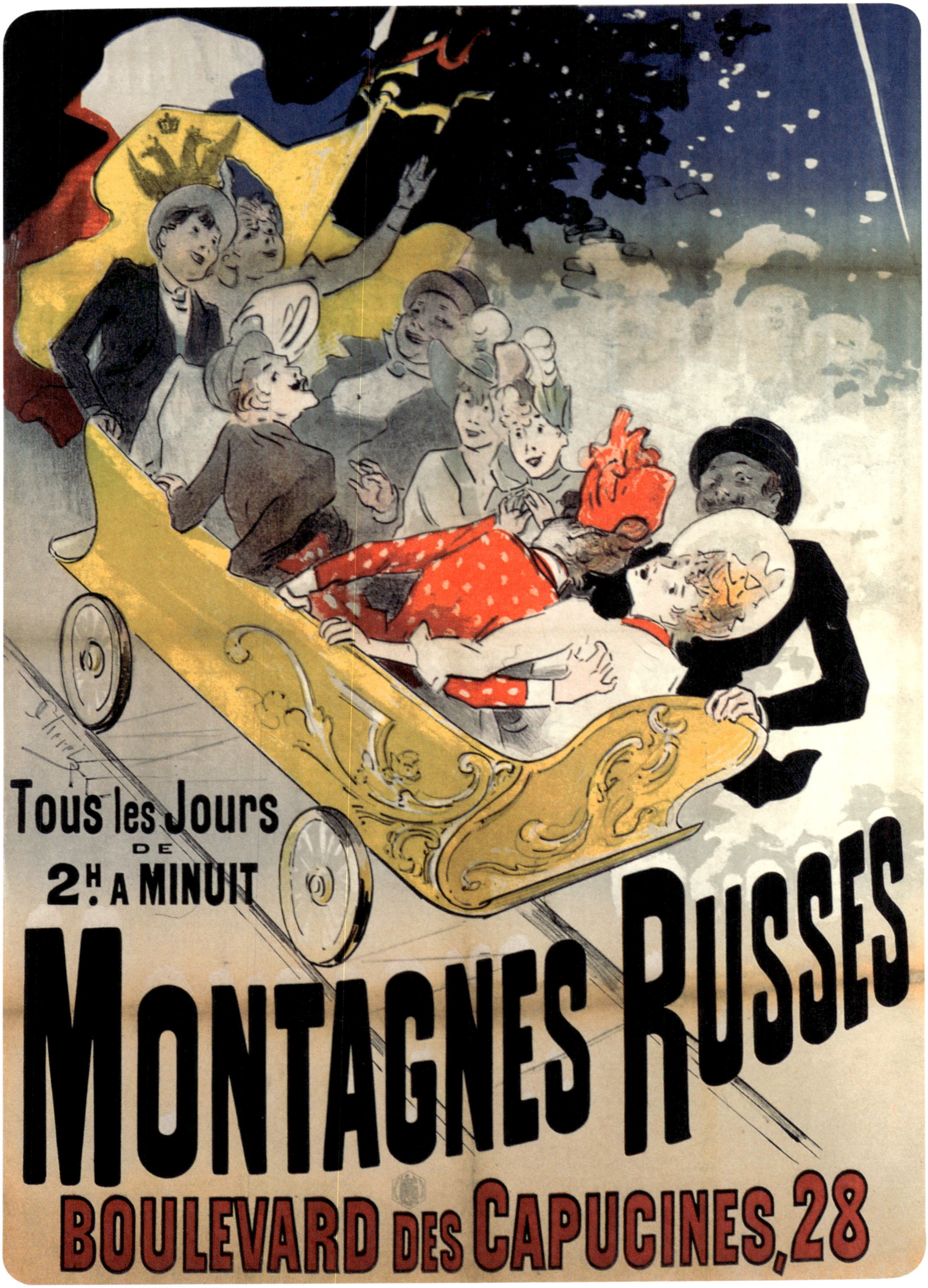
Tous les Jours
DE
2H. A MINUIT
MONTAGNES RUSSES
BOULEVARD DES CAPUCINES, 28

LA KERMESSE

Ce sont les derniers jours de classe… Le soleil démobilise les enfants et l'on prépare la fête de l'école. On répète les spectacles de fin d'année et les parents d'élèves s'activent pour organiser la kermesse. Il faut des jeux pour tous les âges, on se répartit pour animer les activités, on gonfle des ballons…

Autrefois, ces jeux de foire et de kermesse étaient aussi organisés par la mairie ou par l'église et tout le village venait se distraire lors de fêtes annuelles. Verlaine, Apollinaire, Rimbaud ont chanté ces fêtes populaires. Aujourd'hui, les adultes se laissent rarement convaincre et on voit surtout les enfants et encore un peu les adolescents déambuler entre les stands. Ils s'exercent aux jeux de massacre, ou chamboule-tout, en visant les personnages ou les boîtes de conserve à faire tomber. Les jeux d'adresse ne manquent pas, en effet, dans ces fêtes. On a tous en mémoire un de ces passe-boules en forme de grenouille à la bouche béante, par laquelle il faut faire passer des balles de mousse. On sait moins que les Grecs y jouaient déjà dans l'Antiquité avec des amphores sous le nom de casse-pot, que le jeu a gagné la Gaule et que les Normands ont substitué des tonneaux aux amphores et l'ont appelé jeu du tonneau. Sous Louis XIV, il revient à la mode sous le nom de jeu de Grecque. Et on le retrouve au XIXe siècle, dans les guinguettes des environs de Paris, avec cette fois une grenouille en fonte comme réceptacle.

N'oublions pas non plus les simples bouteilles habilement disposées autour desquelles le joueur doit envoyer des anneaux.

Entre deux jeux, bien sûr, la barbe à papa – avec son odeur de sucre filé, sans doute un peu écœurante pour un adulte, et ses petits nuages roses qui collent aux doigts des enfants ravis – est le symbole du bonheur dans la fête… Ou bien la guimauve à l'ancienne que les forains étirent interminablement… Ou encore les pommes d'amour si rouges et si appétissantes…

De temps en temps, une compétition plus spectaculaire s'annonce avec une course en sac : les chutes déclenchent inévitablement les fous rires ! Plus acrobatiques, les échasses

PAGE DE GAUCHE : Affiche de Jules Chéret (1836-1932). Vers 1890.

CI-DESSUS : Le jeu du tonneau. Chromo de la fin du XIXe siècle. Dans ce jeu, traditionnellement, il faut envoyer une balle dans la gueule ouverte d'une grenouille.

DOUBLE PAGE SUIVANTE : Les principales activités ludiques des kermesses : course aux œufs, quilles, course d'obstacles et course en sac sont autant d'occasions de fous rires et de compétition. Dessins extraits de *À quoi jouons-nous ?*, publié par A. Weber vers 1920. Aquarelles de Robert Sallès (1871-1929).

DÉPART
des
COURSES
Robert Sallès

LAIT a
la Kasse
Robert Sallès

Robert Sallès

Robert Sallès

EN BAS : Chromo publicitaire pour les magasins La Belle Jardinière, vers 1900.

PAGE DE DROITE : Clown, cirque… un univers fascinant pour les enfants et que les jeux choisissent souvent comme thématique.

et les courses d'échasses impressionnent les petits, qui ne se risqueraient pas à cet exercice, tout comme le mât de cocagne, qui a ravi des générations de jeunes gens pouvant ainsi faire montre de leur force physique et de leur intrépidité. Des courses d'équilibre s'improvisent avec des plateaux et des verres d'eau, sur le modèle des célèbres courses de garçons de café : comment concilier vitesse et stabilité ?

On admire le grand frère qui s'empare du marteau ou de la mailloche pour jouer les costauds et frapper de toutes ses forces sur un piston : est-ce que le poids va monter jusqu'en haut pour toucher la cible ? Rappelons qu'avant la Première Guerre mondiale, le piston était à l'effigie de Bismarck ou de Guillaume II, ou bien encore prenait la figure d'une… tête de Turc ! Parfois, le jeu devenait franchement sanglant : certains forains proposaient en effet de prouver sa force en abattant un bœuf – oui, un vrai bœuf vivant – d'un coup de marteau…

Les équipes se forment et c'est le tir à la corde, chaque groupe tirant l'autre vers lui. Dans les villages traversés par une rivière, les joutes deviennent vite nautiques, sur un petit plan d'eau calme généralement situé près du lavoir.

Pour financer la fête, on a organisé une tombola : chacun laisse quelques pièces sur les stands pour pouvoir jouer, mais espère remporter un gros ours en peluche. Autrefois, les lots étaient souvent prosaïques – un kilo de sucre ou des denrées du même genre –, mais tout aussi appréciés. Des lots sont également distribués autour de la roue de la Fortune : on mise sur un tableau et on attend haletant de voir quel secteur de la roue se trouve en face du curseur quand elle s'immobilise. Tout le monde a dans l'oreille le cliquetis des ergots de la roue venant buter contre le curseur en tournant…

Ou bien un des organisateurs passe dans les allées et demande d'évaluer le poids d'un cabas qui reviendra à celui dont l'estimation s'en sera le plus rapprochée.

Les petits ont une affection particulière pour un stand bien particulier, celui de la pêche aux canards ou de la pêche à la ligne. En général, dans une grande bassine d'eau, flottent une bonne dizaine de canards en plastique portant chacun un petit anneau. Les enfants sont armés d'une canne à pêche sommaire, avec un petit crochet au

JEUX
COMIQUES
30
30
50
20
20
10
COMICAL TOYS
JUEGOS CÓMICOS

« Alors, c'est à la fête de Saint-Cloud que nous allons ? » dit l'oncle Jules à son neveu et filleul André.

L'oncle Jules, qui est officier de marine et n'a pas souvent occasion de venir à Paris, a voulu faire grand plaisir à André. Après l'avoir invité à déclarer ce qu'il désire le plus qu'on lui achète, si c'est un cheval, une maison ou une locomotive, il lui a proposé de le conduire où il voudrait.

« Ou plutôt, a-t-il ajouté, c'est toi qui me mèneras : je te laisserai faire. »

Et André a choisi la fête de Saint-Cloud, qui est alors dans tout son plein.

Bien entendu, Emma est de la partie : l'oncle Jules n'aurait pas eu la cruauté de la laisser au logis.

**

bout du fil. Cela semble tout simple pour un adulte, mais quelle fierté quand on est petit d'arriver à accrocher un canard, à remonter doucement la ligne et à le saisir ! On pourrait les laisser jouer des heures durant…

Pour les plus grands, dans les vraies fêtes foraines, on va trouver des manières plus sérieuses de montrer son habileté.

Ce sont par exemple les billards japonais, avec cinq grosses billes de bois à faire entrer dans les neuf trous numérotés d'un palteau percé en les faisant rouler. Ce jeu très ancien s'est appelé jeu de la bagatelle au XIXe siècle et, encore avant, il portait le nom cocasse de trou-madame. Selon les régions, on trouve aussi des jeux de palets sur une table en bois : chacun se place à un bout, devant son but, et, avec un palet plus gros muni d'une poignée, cherche à marquer des buts à l'adversaire. Dans le même genre, on remarque aussi ce jeu que Rabelais connaissait déjà et appelait jeu de la clef, encore une sorte de billard, hollandais cette fois, où l'on fait glisser des galets dans des casiers.

Les jeux de quilles ont enchanté des générations d'adultes avant qu'ils ne s'adonnent au bowling dans des salles spécialisées. Ils donnaient lieu à des compétitions acharnées : les enfants ont toujours aimé ce jeu et perpétuent la tradition.

Plus spectaculaire et plus sophistiquée, la course de chevaux des forains : chacun des adversaires est placé devant un billard japonais et chaque fois qu'une de ses boules tombe dans un trou numéroté, un petit cheval de course à ses couleurs avance d'autant vers la victoire. Les encouragements fusent, les joueurs se passionnent et l'ambiance devient vite électrique !

Enfin, qui dit fête foraine dit jeux de tir. Évoquons d'abord les fléchettes : avec un peu de précautions et en vérifiant que les enfants ne chahutent pas trop aux abords de la cible, les fêtes d'école en installent parfois des stands. Ce jeu de pub et d'estaminet se prête bien aussi aux compétitions. Le stand de tir, lui, géré par des professionnels, est adoré des jeunes garçons, même si certaines filles ne dédaignent pas d'aller s'y illustrer. La détonation, l'odeur de poudre, le recul du canon dans l'épaule quand on tire à la carabine, le bruit sec de la balle qui casse la pipe en terre blanche : que de sensations fortes ! Et on n'est pas peu fier d'exhiber le carton rouge et noir avec les impacts… du moins quand on a réussi à mettre dans le mille ! Mais on sait bien que les carabines sont souvent mal réglées, qu'il faut en changer, qu'il faut adapter son tir aux déviations, etc. Bref, rien d'une vraie compétition, juste un jeu…

PAGE DE GAUCHE :
Illustration de H. Gerbault pour *Spectacle enfantin*, par Albert Cim.

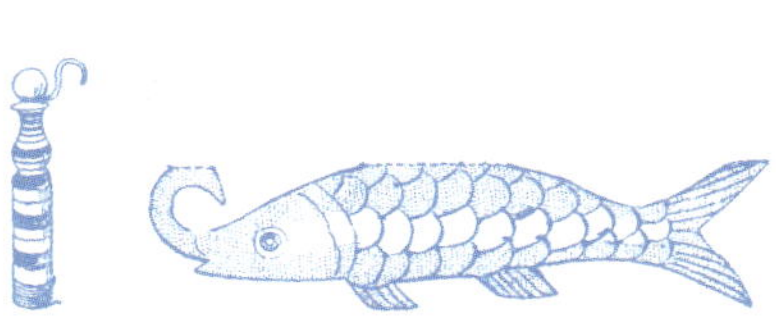

LES MANÈGES

Tournez, tournez, bons chevaux de bois / Tournez cent tours, tournez mille tours / Tournez souvent et tournez toujours / Tournez, tournez au son des hautbois... écrivait Verlaine.

À l'origine, les manèges de chevaux de bois proposaient un succédané des exercices de manège de vrais chevaux en chair et en os qui tournent dans un espace circulaire. On voit encore de ces très belles attractions de foire, avec des chevaux mobiles qui montent et descendent, peints dans des couleurs délicates. Et, pour ajouter encore un peu d'animation, une sorte de peluche, souvent un Mickey, dont il faut attraper la queue au passage. Attention, si on ne tire pas bien fort, on ne gagnera pas un tour gratuit ! Parfois, c'est un autre système : des anneaux à récupérer en passant un petit bâton dans le trou au moment propice... Mais dans les années 1960, les chevaux se sont vu détrônés par les véhicules en tout genre : voitures, motos, camions de pompiers, bus miniatures et même avions. Moins de poésie, mais plus d'action pour des enfants avides d'imiter leurs parents. On tourne le volant, on klaxonne comme les grands...

L'étape suivante, qui cette fois ne concerne plus les enfants mais les adolescents et les jeunes adultes, c'est l'arrivée des autos tamponneuses, où l'on se percute, certes, mais aussi où l'on peut flirter et attirer l'attention des jeunes personnes du sexe opposé... Appelées « autoscooter » dans les années 1920, elles sont devenues le symbole de la fête foraine. Mais il n'empêche que, pour les enfants, ce sont les montagnes russes, le grand huit, le train fantôme ou la grande roue qui sont les attractions à sensation les plus marquantes...

PAGE DE GAUCHE : Les ancêtres des autos tamponneuses marquent bien l'essor de la voiture individuelle. 1937.

EN HAUT : Le jeu de la bague perpendiculaire, d'après *Les Amusements à la campagne*, XIXe siècle.

CI-CONTRE : Un manège de chevaux de bois, XVIIe siècle.

DOUBLE PAGE SUIVANTE : Les chevaux de bois ont cédé la place aux véhicules en tout genre, plus réalistes. Vers 1935.

GRANDE BANLIE

LE TEMPS DES VACANCES

DANS LES BOIS

CHAT ET CHAT PERCHÉ

CACHE-CACHE ET GAMELLE

COLIN-MAILLARD

LES JEUX D'ANIMATION

LA CHASSE AU TRÉSOR

LES JEUX DE BOULES ET LE CROQUET

LE JEU DU VOLANT ET LES CERCEAUX

LE BILBOQUET, LE DIABOLO ET LE YO-YO

LE CERF-VOLANT

SUR LA PLAGE

À LA NEIGE

DANS LES BOIS

Voici venu le temps des vacances à la campagne ! Souvent se forment des petites troupes d'enfants qui s'organisent et qui vont s'approprier un nouveau terrain de jeu. La première des occupations, c'est de se construire un espace où les « autres » (les adultes, les grands, les autres bandes…) ne viendront pas et où l'on se constituera un petit univers bien à soi. L'idéal est un grand terrain avec des arbres et des cachettes possibles, mais même un enfant solitaire au fond d'un jardin peut se bâtir une cabane de rêve…

Écoutons ce qu'en dit Louis Pergaud dans son célèbre livre de 1912 qui a donné lieu à une adaptation cinématographique mythique : *La Guerre des boutons*.

C'est d'abord le temps du projet :

– Si on faisait une cabane, proposa La Crique, une chouette cabane dans une vieille carrière bien abritée, bien cachée ; il y en a où il y a déjà de grandes cavernes toutes prêtes, on la finirait en bâtissant des murs et on trouverait des perches et des bouts de planches pour faire le toit.

– Ce serait rudement bien, reprit Tintin, une vraie cabane, avec des lits de feuilles sèches pour s'y reposer, un foyer pour faire du feu, et faire la fête, quand on aura des sous.

– C'est ça, affirma Lebrac, on va faire une cabane à la Saute. On y cachera le trésor, les « minitions », les frondes, une réserve de beaux cailloux. On fera des « assetottes » pour s'asseoir, des lits pour se coucher, des râteliers pour poser les sabres, on élèvera une cheminée, on ramassera du bois sec pour faire du feu. Ce que ça va être bien !

DOUBLE PAGE PRÉCÉDENTE : Le jeu de ballon, grand classique des jeux de plage, réunit enfants et adultes. Vers 1930.

PAGE DE GAUCHE : Le manche du lance-pierre sert parfois à préparer les munitions. 1963.

PAGE DE DROITE : « Avec une cabane aussi haut perchée, personne ne viendra nous déranger... » 1979.

– Il faut trouver l'endroit tout de suite, fit Tintin, qui tenait à être le plus tôt possible fixé sur les destinées de son sac.

– Ce soir, ce soir, oui, ce soir on cherchera, conclut toute la bande enthousiaste.

Puis vient le temps du rêve :

Ils réaliseraient leur volonté : leur personnalité naissait de cet acte fait par eux et pour eux. Ils auraient une maison, un palais, une forteresse, un temple, un panthéon, où ils seraient chez eux, où les parents, le maître d'école et le curé, grands contrecarreurs de projets, ne mettraient pas le nez, où ils pourraient faire en toute tranquillité ce qu'on leur défendait à l'église, en classe et dans la famille, savoir : se tenir mal, se mettre pieds nus ou en manches de chemise, ou « à poil », allumer du feu, faire cuire des pommes de terre, fumer de la viorne et surtout cacher les boutons et les armes.

– On fera une cheminée, disait Tintin.

– Des lits de mousse et de feuilles, ajoutait Camus.

– Et des bancs et des fauteuils, renchérissait Grangibus.

– Surtout, calez tout ce que vous pourrez en fait de planches et de clous, recommanda le chef ; tâchez d'apporter vos provisions derrière le mur ou dans la haie du chemin de la Saute : on reprendra tout, demain, en venant à la besogne.

Ils s'endormirent fort tard, ce soir-là. Le palais, la forteresse, le temple, la cabane hantaient leur cerveau en ébullition. Leurs imaginations vagabondaient, leurs têtes bourdonnaient, leurs yeux fixaient le noir, les bras s'énervaient, les jambes gigotaient, les doigts de pieds s'agitaient. Qu'il leur tardait de voir poindre l'aurore du jour suivant et de commencer la grande œuvre !

Une fois la cabane installée, les activités sont multiples. À certaines périodes, on a pu jouer à Tarzan, qui est le héros de bien des générations de petits garçons stimulés par les exploits cinématographiques de Johnny Weissmuller, à Zorro, à Bonanza ou à Thierry la Fronde, suivant les modes et les feuilletons télévisés, comme aujourd'hui on joue à Batman ou à Spiderman.

PAGE DE GAUCHE : Les petits garçons se prennent volontiers pour Thierry la Fronde.

CI-CONTRE : Sophie se cache dans un arbre creux. Illustration de Mateja pour *Les Vacances*, par la comtesse de Ségur. 1948

On grimpe aux arbres, on débusque de petits animaux, on découvre des trésors : une grosse pierre ronde ou plate qui pourra sans doute servir un jour à quelque chose, un bâton bien droit, bien solide, dont on enlève l'écorce avec un petit couteau en faisant bien attention à ne pas se couper, des marrons, des glands, des petites baies qui pourront servir de mitraille. On se taille un sifflet dans une branche de sureau dont on enlève le cœur.
Il reste à se fabriquer des armes : une sarbacane par exemple pour souffler et envoyer au loin les plus petits projectiles. Mais le plus important, c'est la fabrication d'une fronde. Il faut d'abord trouver une branche fourchue, bien solide, qu'on va retailler pour bien l'avoir en main. Et puis, selon le degré de sophistication, on va essayer de se procurer une lanière de cuir ou un simple élastique bracelet bien large qu'on assujettira au morceau de bois. Et voilà le lance-pierres ! On devra beaucoup s'entraîner pour calculer et estimer les trajectoires, d'abord un peu aléatoires…
Si on se trouve à proximité d'une autre bande, on va pouvoir jouer à la bagarre ! On passe d'abord beaucoup de temps à réunir des munitions que l'on va emmagasiner dans une vieille lessiveuse ou une grande poubelle, et puis on va trouver un terrain neutre entre les deux camps pour aller se mesurer ! Entre enfants, cela reste un jeu, « pour de rire ».
Parfois, le terrain de jeu se trouve en bordure d'une rivière ou d'un plan d'eau. Le jeu consiste alors à trouver toutes sortes de petites pierres plates pour faire des ricochets. Jeu venu du fond des âges, il connaît ses spécialistes qui impressionnent par le nombre de rebonds auxquels ils peuvent parvenir. On doit se pencher légèrement, bien tenir la pierre horizontalement entre le pouce et l'index et, d'un mouvement vif, l'envoyer glisser et rebondir à la surface de l'eau. C'est un défi lancé à Newton et à Archimède !

CHAT ET CHAT PERCHÉ

On peut bien sûr jouer à chat dans la cour de récréation, mais c'est tout de même un jeu beaucoup plus amusant si on se trouve dans un espace de nature un peu accidenté où l'on pourra se servir des obstacles, des arbres, des cabanes de jardin, etc., pour tenter d'esquiver le chat. Est-il besoin de rappeler la règle élémentaire ? Un chat est désigné pour attraper ses camarades, les souris, qui s'enfuient devant lui. Le premier touché devient à son tour chat et la partie s'enchaîne ainsi sans temps mort.

La principale variante du jeu, c'est bien sûr chat perché. Il faut qu'il y ait au sol des souches, des rochers, des marches ou tout autre petit promontoire qui servira de perchoir. Les joueurs n'ont pas le droit de rester immobiles sur leur perchoir et doivent en changer, sinon, évidemment, il n'y a plus de jeu… L'idéal est qu'il n'y ait pas de perchoir pour tout le monde !

Les plus jeunes aiment bien jouer à chat baissé, qui est plus facile puisqu'il suffit de s'accroupir à l'approche du chat pour ne pas être pris. Certains enfants essaient aussi d'échapper à leur sort fatal en s'immobilisant à l'approche du chat et en criant : « Cric Crac, j'suis dans ma maison ! ». Mais cet artifice ne marche pas à chaque fois et n'arrête pas toujours le chat…

Un autre jeu de poursuite un peu plus élaboré fait tout autant appel à l'imagerie animale : le jeu de l'épervier.

PAGE DE GAUCHE : Attention à la crise de fou rire quand on court ! Elle est un handicap certain ! 1966.

La règle de l'épervier

On délimite deux camps. D'un côté se tient un joueur isolé, l'épervier. Tous les autres, les moineaux, vont dans l'autre camp. Lorsque l'un des moineaux dit « Attention ! L'épervier ! Sortez ! », tous les moineaux sortent et courent pour rejoindre le camp de l'épervier, qui, lui aussi, sort et cherche à en attraper un. Les moineaux attrapés doivent ensuite tenir l'épervier par la main et former une chaîne, ce qui le ralentit, mais le dernier de la file peut aussi attraper des moineaux. Le gagnant est le dernier qui n'a pas été fait prisonnier : il devient épervier à son tour.

CACHE-CACHE ET GAMELLE

Un des grands classiques des jeux en forêt, ou en tout cas sur un terrain arboré, c'est le jeu de cache-cache qui , du Moyen Âge à la Révolution, s'appelait jeu de cligne-musette. Muser, ou musser, signifiait « cacher », « se cacher », et cligne rappelait que l'essentiel était de ne pas se faire voir…

La gamelle est une variante de cache-cache, mais avec un ballon comme but. Pour commencer la partie, on envoie au loin le ballon (la « gamelle ») d'un coup de pied. Un enfant part le chercher et pendant ce temps tous les autres se cachent. Il va devoir défendre la gamelle contre ses adversaires. Il explore le terrain de jeu en essayant de débusquer les enfants. Dès qu'il en a repéré un, il revient vers le ballon, frappe dessus et annonce à haute voix qui il a vu et où. L'enfant vient alors se constituer prisonnier. Il pourra être libéré si, pendant les recherches du gardien, quelqu'un d'autre parvient à venir frapper sur le ballon sans être pris. La partie peut être interminable, surtout si le terrain est très (trop) grand…

PAGE DE GAUCHE :
Dès qu'on est en âge de compter, on est en âge de « s'y coller ».

La règle de cache-cache

Pour une grande partie de cache-cache, il faut bien être au moins une dizaine. L'un des participants va s'appuyer contre un arbre qui sera le but (il « s'y colle »), fermer les yeux et compter mentalement jusqu'à 100… Il ne doit prononcer à haute voix que les tout derniers nombres pour prévenir qu'il va bientôt ouvrir les yeux.
Pendant ce temps, les autres vont se cacher. Lorsqu'il a fini de compter, il se met à leur recherche. Dans la première variante, il suffit de voir l'enfant caché et de le désigner à haute voix pour qu'il soit pris. Dans la seconde, il ne suffit pas de le voir, il faut encore l'attraper.
Pendant ce temps, les autres peuvent sortir de leur cachette et aller taper l'arbre de départ : s'ils y parviennent sans être pris, ils sont sains et saufs. Le premier pris devient le compteur à la partie suivante, qui s'enchaîne.

PAGE DE GAUCHE : Illustration de A. Marie pour *Tout à la joie*, par Zari, 1890.

CI-CONTRE : Illustration extraite du livre *Jeux*, par Marie-Madeleine Franc-Nohain, 1934.

DOUBLE PAGE SUIVANTE : Le jeu de colin-maillard. Vignette publicitaire de chocolat. XXe siècle.

COLIN-MAILLARD

Quel curieux nom que celui ci ! On en trouve des traces dès le Moyen Âge. Rabelais le cite ensuite dans les jeux pratiqués de son temps, ainsi d'ailleurs qu'un colin bridé dont on ne sait pas grand-chose. Colin, c'est le diminutif un peu moqueur de Nicolas, qui, en l'occurrence, désigne aussi « celui qui s'y colle ». Quant à maillard, il s'agit soit d'un nom propre soit d'une allusion à un « mail », un bâton dont on se serait servi dans le jeu pour chercher les joueurs. Un autre jeu ancien qui s'appelait le « casse-pot » ou le « pot-au-noir » lui ressemblait un peu : on bandait les yeux de quelqu'un et, muni d'une baguette, il devait parvenir à briser un pot d'un coup sans rien y voir.

Bref, le principe consiste à former un cercle de joueurs, à placer au milieu l'un d'entre eux, à lui bander les yeux, à le faire pivoter sur lui-même pour qu'il perde un peu le sens de l'orientation, puis à venir le toucher et l'asticoter jusqu'à ce qu'il attrape quelqu'un et qu'il le reconnaisse en palpant ses vêtements, son visage, ses cheveux. Quand il s'approche d'un obstacle, on lui crie « gare au pot au noir ! » ou bien « casse-cou ! ». S'il s'empare de l'un des participants et le reconnaît, il peut enlever son bandeau. L'autre prend alors sa place, et ainsi de suite jusqu'à ce qu'on se lasse…

Ce jeu, aujourd'hui réservé aux enfants, est un des jeux les plus primitifs et presque universel dans bien des cultures, mais ce fut aussi, sous l'Ancien Régime, un divertissement de cour et de salon qu'adoraient les dames de l'aristocratie.

On peut encore jouer au colin-maillard assis. Cette fois, quand le colin a les yeux bandés, chacun prend place sur des chaises disposées en cercle autour de lui. Le colin vient simplement s'asseoir sur les genoux de l'un des participants et, sans s'aider de ses mains pour le reconnaître, doit deviner de qui il s'agit.

Stollwerck sche

Chocolade.

Robert Sallès

PAGE DE GAUCHE : Les petites bandes d'enfants trouvent toujours de quoi s'occuper en organisant de grands jeux comme les quatre coins ou le chat et la souris. Dessins extraits de *À quoi jouons-nous ?*, publié par A. Weber vers 1920. Aquarelles de Robert Sallès (1871-1929).

LES JEUX D'ANIMATION

Le fait de cacher un objet à des fins ludiques, pour s'amuser de voir quelqu'un le chercher, existe sans doute depuis les premiers temps de la vie en société, mais le nom de cache-tampon est apparu au début du XIXe siècle.

Il s'agit à l'origine de prendre un mouchoir, de le rouler en boule pour en faire un « tampon » et d'aller le cacher pendant qu'un joueur tiré au sort ferme les yeux. Mais on peut cacher n'importe quelle chose peu volumineuse. Quand l'objet est dissimulé, on crie « c'est fait ! » et le joueur désigné va devoir le chercher partout. On le guidera avec des phrases comme « c'est froid ! » ou « tu gèles ! » s'il est très loin du but, ou au contraire « tu chauffes ! » ou « tu brûles ! » s'il s'approche du tampon.

Autre jeu de dissimulation : le jeu du furet, qui a diverti les cours au temps des rois de France. Il permettait aussi de toucher les mains de sa voisine de manière discrète…

Quelques jeux forment des variantes intéressantes du simple jeu de poursuite. C'est ainsi que le jeu du béret répartit les joueurs en deux équipes et oblige à s'emparer d'un objet (à l'origine un béret d'écolier, mais une écharpe nouée fait l'affaire aujourd'hui) avant d'entamer une course-poursuite.

On combine parfois poursuite et ronde, comme dans le chat et la souris.

Le jeu de la chandelle est un peu plus calme. Tous les joueurs s'asseyent en cercle sauf un, qui se tient à l'extérieur avec un mouchoir à la main. Il court dans le dos des participants et, à un moment, lâche le mouchoir derrière l'un des joueurs qui, dès qu'il s'en aperçoit, doit quitter le cercle et le poursuivre. Le premier joueur doit arriver à faire un tour complet sans être rattrapé et à prendre la place du second qui prend alors sa place à l'extérieur. Il gagne aussi s'il a réussi à faire tout le tour sans que le joueur ne s'aperçoive qu'il avait été désigné.

Ce jeu s'intitule également « le facteur n'est pas passé », parce qu'on peut chanter en même temps une petite ritournelle :

Le facteur n'est pas passé / Il ne passera jamais / Lundi, mardi, mercredi, jeudi, vendredi, samedi, dimanche !

De petites animations très simples peuvent susciter les fous rires et distraire un bon moment. C'est le cas de Jacques a dit, dont le principe est tout simpl. Un chef est désigné et donne des ordres aux autres joueurs. Si ses ordres sont précédés de la phrase « Jacques a dit », ils doivent l'exécuter. Sinon, ils doivent rester impassibles. Les risques de s'embrouiller sont considérables et amusent tout le monde !

À pigeon vole, le principe du jeu est le même. Là encore, il faut un meneur de jeu qui énonce à haute voix des affirmations sur le modèle de « pigeon vole », comme « avion vole », « moineau vole ». Chaque fois que sa déclaration est vraie, tous les

La règle du furet

On se place en cercle autour d'un joueur isolé, qui est le devin. On noue une corde assez longue pour que tous les participants puissent la tenir avec les mains qui se touchent pratiquement. Mais, avant de faire le nœud, on passe un anneau dans la corde. Pendant le jeu, on fredonne :

Il court, il court, le furet
Le furet du bois, mesdames,
Il court, il court, le furet,
Le furet du bois joli.
Il est passé par ici,
Il repassera par là.

Et, pendant ce temps, on fait passer de main en main l'anneau (le furet). Après deux refrains et couplets, on chante : « Qui l'a ? » Tout le monde s'immobilise alors et le devin doit dire qui détient l'anneau. S'il tombe juste, il va dans le cercle et le joueur démasqué devient devin.

CI-CONTRE : Au jeu de la savate, des jeunes filles assises en rond se passent sous leurs jupes un soulier que la jeune fille restée debout doit attraper. Ilustration de Kate Greenaway extraite du livre *Jeux et passe-temps*, 1890.

PAGE DE DROITE : Pigeon vole est le plus simple et le premier des jeux d'esprit que les enfants apprennent. Lithographie, XXe siècle.

La règle du chat et la souris

Les joueurs forment une ronde. Un seul reste à l'extérieur du cercle : c'est la souris. Elle commence à courir en tournant derrière ses camarades et touche tout à coup le dos de l'un d'entre eux, qui devient immédiatement le chat et se lance à sa poursuite. La souris peut slalomer entre les participants, entrer dans le cercle, en ressortir ; le chat peut la suivre, mais il ne peut pas prendre de raccourci ni couper la chaîne (il n'a pas le droit de « couper le fromage »). S'il la rattrape, elle reprend sa place dans la ronde et le chat devient à son tour souris.

joueurs doivent lever un doigt vers le ciel, mais il glisse parfois des incongruités comme « voiture vole » ou « table vole », auquel cas il ne faut pas bouger.

Autre grand classique, toujours apprécié : le ni oui, ni non. Il faut être au moins deux : l'un qui interroge, l'autre qui répond et qui ne doit prononcer ni « oui », ni « non ». On peut ensuite compliquer en interdisant d'autres mots.

Les jeux purement verbaux sont très nombreux. Certains font appel à la mémoire. On se met en cercle et le premier commence une phrase : « Un beau jour... ». Le suivant répète ce début et le complète : « Un beau jour, ma mère... » Et ainsi de suite jusqu'à ce qu'un des participants ne soit plus en mesure de tout mémoriser.

Mais on peut aussi chercher des mots finissant tous par le même son : c'est le jeu du corbillon. À la phrase qui lance le jeu « Dans mon corbillon, qu'y met-on ? » le premier joueur répond par un mot comme « un saucisson » et chacun à tour de rôle va devoir en ajouter un nouveau se terminant par le même son *-on*.

Celui qui ne trouve rien ou qui répète un mot déjà dit sort du jeu.

Le principe du portrait chinois, quant à lui, est celui d'une sorte de devinette assez élaborée. Un joueur doit deviner le nom d'un personnage célèbre que les autres ont choisi secrètement. Il leur pose des questions qui sont toutes sur le modèle « si j'étais un..., je serais... ». Par exemple « si j'étais un oiseau, je serais... » : s'il s'agit de Napoléon, les autres répondront « un aigle » en cherchant un point commun à mettre en valeur. Il faut être de bonne foi pour ne pas entraîner sciemment le joueur sur de fausses pistes.

Ce sont à ces jeux que les parents ont recours pour faire passer les longs trajets en voiture sur la route des vacances... Mais, en voiture, il y a aussi des jeux bien spécifiques : chacun peut choisir une couleur et marquer un point chaque fois qu'on double un véhicule de cette teinte ; et on peut pratiquer toutes sortes de jeux avec les plaques minéralogiques. L'imagination des parents, soumise à la pression de l'agitation de leur progéniture, fait des merveilles...

PIGEON VOLE !...

PAGE DE GAUCHE : Dans la chasse aux œufs, le plaisir est d'abord celui de la découverte, puis celui de la dégustation. Mais osera-t-on casser le gros œuf ? Chromos, fin du XIXe siècle.

CI-CONTRE : Lapin, œufs, tout le folklore de Pâques est là. Chromo publicitaire pour le magasin les Trois Quartiers. Fin du XIXe siècle.

LA CHASSE AU TRÉSOR

Le seul nom de chasse au trésor fait rêver… On pense à Rackham le Rouge, aux pirates enfouissant un trésor au pied d'un cocotier d'une île de la mer des Sargasses, aux hors-la-loi du Far West enterrant leur butin dans le sable du désert au milieu des serpents… Mais un parc ou même un simple jardin suffisent souvent pour stimuler l'imagination des petits !

La chasse au trésor demande de la part des adultes un peu de préparation et d'organisation. Il faut en effet aller dissimuler sur le terrain un ou plusieurs objets et, pour que le jeu devienne aussi une sorte de jeu de piste, prévoir des indices, des plans, des jeux qui permettent d'avancer vers le but.

La version la plus simple de ce jeu est presque rituelle, c'est la chasse aux œufs de Pâques. Cette fois, pas d'indices ! On dissimule simplement, dans le jardin, dans les pots de fleurs d'un balcon ou même sous les meubles dans la maison, des friandises de Pâques : œufs en sucre, lapins en chocolat, friture ou petites meringues… Et, le matin de Pâques, au moment où elles retentissent, on explique aux enfants que les cloches de Pâques qui reviennent de Rome ont déposé à leur intention ces douceurs qu'il va falloir retrouver… On peut, comme pour cache-tampon, guider les plus étourdis ou les plus jeunes en leur indiquant s'ils « brûlent » ou si « c'est froid » là où ils regardent…

Parmi les jeux de scouts, on va trouver beaucoup de variantes de ces jeux de piste, avec notamment, en forêt, des listes d'éléments à chercher en équipe pour être les premiers à les rapporter (une pierre noire, une feuille de chêne, une fleur jaune, etc.). Plus la liste est longue, avec des éléments difficiles à dénicher, plus le jeu dure… Aux organisateurs de s'adapter au niveau des participants !

LES JEUX DE BOULES ET LE CROQUET

Sans prétendre jouer à la pétanque, avec ses règles strictes et ses boules striées métalliques bien trop lourdes pour des enfants, nous avons tous pratiqué un jeu de boules avec du matériel en plastique coloré et un petit cochonnet en bois qu'on perd toujours à un moment ou à un autre…

Jeu familial de vacances et de camping, le jeu de boules est le symbole de la détente au soleil, même s'il est joué dans ses diverses variantes aussi bien en Bretagne ou à Lyon, qu'en Provence…

Le croquet, lui, donne l'exemple du va-et-vient des jeux entre les pays. À l'origine, en France, ce jeu était appelé mail ou pale-mail : pale faisant référence à une lourde boule de buis, mail au maillet de bois avec lequel on la frappait. Remontant au Moyen Âge sous diverses appellations, il connut un tel succès au XVIIe siècle qu'on créa partout des espaces pour y jouer : les mails. Le nom est resté aux promenades du sud de la France. Puis le jeu s'exporta en Angleterre ; de là vient le nom du quartier de Pall Mall. Il se transforma, prit le nom de *crockett*, et revint en France au XIXe siècle sous le nom de croquet !

Son heure de gloire en fit le plus apprécié des jeux de pelouse, auxquels tout le monde pouvait jouer. Mais, depuis, le golf, le tennis et plus tard le mini-golf l'ont détrôné et relégué au rang des jeux familiaux et enfantins. Il n'empêche que ce jeu d'adresse, alliant à la fois l'adresse et la tactique, reste intéressant.

PAGE DE GAUCHE : Les jeunes filles élégantes peuvent jouer au croquet sans crainte de se salir. Illustration extraite de *Chatterbox*, journal pour enfant, vers 1905.

La règle du croquet

Une mallette de croquet comprend plusieurs boules de couleurs différentes et autant de maillets, une dizaine d'arceaux et deux piquets : le point de départ du parcours (le « fock ») et le but (le « besan). S'y ajoute parfois un arceau double avec un grelot (la « sonnette »). On commence par dessiner le parcours en disposant les arceaux. Le but du jeu consiste à frapper sa boule pour la faire passer sous chaque arceau et à l'amener la première au but. La règle de base est très simple, mais le jeu se corse un peu dès qu'une boule vient toucher celle d'un autre joueur. Le joueur qui a placé ainsi sa boule a trois solutions. Il peut « croquer » : poser sa boule contre l'autre comme il veut, mettre le pied dessus pour la bloquer et la frapper très fort pour que, par contrecoup, elle chasse la boule adverse. Il peut « roquer » : déplacer de la même manière sa boule en la laissant au contact de l'autre et frapper les deux en même temps.

Il peut « prendre deux coups » : placer sa boule à 15 cm de la boule qu'il a touchée et jouer deux coups consécutifs.

L'IMPOSTEUR

LE JEU DU VOLANT ET LES CERCEAUX

Quelques jeux anciens ont été dès leur origine plutôt réservés aux filles : jeux d'adresse auxquels on peut jouer en jolie jupe plissée sans se salir, ils étaient aussi censés mettre en valeur les qualités naturelles de la grâce féminine.

Le jeu du volant, par exemple, assez proche d'un sport, était cependant pratiqué tout en douceur par les fillettes. En effet, le projectile, très léger, muni de plumes, ne pouvait pas être lancé bien loin ni bien fort avec des raquettes peu tendues au manche assez long. Les aléas du vent le rendaient assez hasardeux. Très pratiqué avant la Révolution, il revint à la mode au XIXe siècle et se jouait librement, sans délimitation de terrain et sans filet. C'est en Angleterre que le volant est devenu le badminton (sport olympique depuis 1992), avec des innovations techniques qui le rendent plus physique et spectaculaire.

Un autre accessoire était autrefois très prisé des enfants : le cerceau. Parfois presque aussi haut que l'enfant qui le faisait rouler, ce cercle de bois devait rester debout et en mouvement le plus longtemps possible. Il fallait courir à côté pour le redresser et le relancer en cas de freinage. Afin d'éviter de se salir les mains et d'être plus efficace, l'enfant se servait souvent d'un petit bâton, parfois décoré et peint, pour pousser son cerceau. Les premiers cerceaux furent sans doute récupérés parmi les morceaux de bois employés pour cercler les tonneaux. Et la tradition de faire d'un rien un jouet ne s'est pas perdue : faute de cerceaux en bonne et due forme, on voit depuis des décennies des

PAGE DE GAUCHE : La mode du hula-hoop a fait fureur dans les années 1960, au temps des yé-yé.

CI-DESSOUS : Au jeu du volant, il s'agit autant de rester gracieuse que de rattraper le projectile. Illustration de Kate Greenaway pour *La Lanterne magique*, par J. Levoisin, fin du XIXe siècle.

CI-CONTRE : Le jeu de volant intéresse principalement les filles. Illustration de Kate Greenaway extraite de *Jeux et passe-temps*, 1890.

PAGE DE DROITE : Illustration extraite du livre *Jeux*, par Marie-Madeleine Franc-Nohain, 1934.

enfants jouer parfois au même jeu avec des pneus de voiture abandonnés ou des chambres à air bien gonflées…

Un cerceau plus petit, d'une vingtaine de centimètres de diamètre, toujours accompagné de jolies baguettes agrémentées de pompons ou de rubans à l'un des bouts, formait la base d'un autre jeu réservé encore aux filles : le jeu des grâces. On y a joué jusqu'au milieu du XXe siècle. Les adversaires, munies d'une ou deux baguettes, se plaçaient à quelque distance l'une de l'autre et devaient se lancer et rattraper le cerceau sans qu'il touche terre. On pouvait même y jouer assez nombreuses en se plaçant en cercle, voire en formant des équipes, en faisant tourner deux cerceaux dans le groupe et en sens inverse l'un de l'autre. La coordination des mouvements s'avérait assez complexe. Aujourd'hui, les ballons et Frisbee ont complètement détrôné les cerceaux…

On a vu dans les années 1960 un autre usage des cerceaux sous la forme du hula-hoop, en plastique et non plus en bois. Passé autour de la taille, il devait être maintenu le plus longtemps possible à cette hauteur par une sorte de déhanchement très rapide. Lié à la musique yé-yé, ce jeu passionna brièvement, mais de manière fulgurante, les jeunes filles aimant la danse.

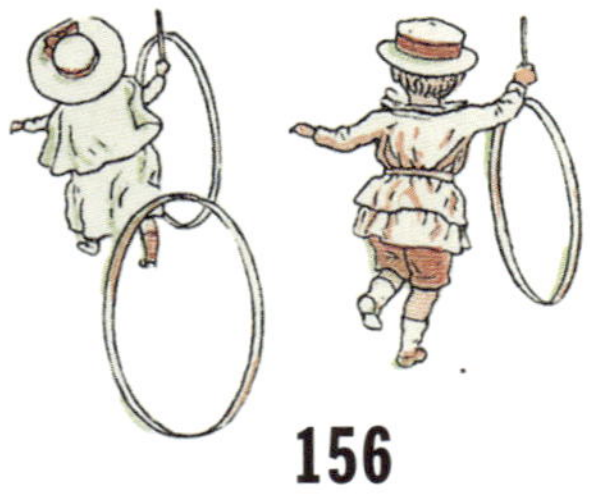

LE BILBOQUET LE DIABOLO ET LE YO-YO

Le bilboquet apparaît déjà chez Rabelais sous la forme « bille boucquet », chacun des deux composants du mot faisant référence aux deux morceaux du jeu : la « bille » (ou plutôt boule) percée d'un trou et le « boucquet » ou « bouchet », le petit bout de bois. Le but du jeu est simple : en tenant fermement la tige de bois reliée par une ficelle à la boule percée d'un trou, il faut emmancher l'une dans l'autre. Ce jeu d'adresse a connu des heures de gloire en France à plusieurs reprises, notamment sous Henri III qui se délectait de l'exercice avec ses mignons, mais aussi sous la Régence, sous la Terreur et vers 1900. Il reste un bel objet, parfois sculpté ou décoré, que l'on peut chiner chez les brocanteurs.

Quant au diabolo, son origine remonte à la Chine ancienne, mais il fut rapporté par les Européens à la fin du XVIIIe siècle et introduit sous le nom de « diable sur deux baguettes ». Composé de deux tiges de bois reliées par une cordelette et d'un morceau de bois formé de deux cônes joints par la pointe, il est d'une pratique difficile voire dangereuse. Il faut en effet faire glisser le morceau de bois sur la ficelle, l'envoyer en l'air, le rattraper et, pour cela, donner de fortes impulsions : gare à la retombée du morceau de bois sur la tête lors des premiers essais ! À certaines périodes, il fut interdit d'y jouer dans les lieux publics. Breveté en 1906 par un Français sous le nom de diabolo, le jeu connut un regain d'intérêt.

Beaucoup plus simple, mais pas plus récent, le yo-yo présente quelque analogie avec les jeux précédents. En effet, il est constitué de deux petits disques unis par un axe qui les traverse et sur lequel on enroule une ficelle que l'on passe autour de son majeur. Avec un mouvement habile du poignet, on le fait non seulement monter et descendre, mais on peut le faire voltiger et lui imprimer un mouvement qui dessine des figures. Le jeu existe, semble-t-il, depuis l'Antiquité, mais il a connu une grande mode pendant la Révolution dans les milieux aristocratiques réfugiés à Coblence – il s'appelait alors « émigrette ». C'est en 1931, à l'occasion de l'Exposition coloniale, qu'un fabricant le fit breveter et relança l'engouement du public. Son succès est à l'image de son propre mouvement, il fait du yo-yo, monte et descend… Mais les enfants aiment toujours emporter avec eux ce petit objet qui tient dans la poche et fait passer le temps.

PAGE DE GAUCHE :
Le diabolo reste un exercice un peu dangereux si l'objet en bois n'est pas bien maîtrisé. 1907.

"Le cerf volant."
F. Kew

LE CERF-VOLANT

Sur les grandes plages de la Manche ou simplement dans de vastes prairies éventées, que peut-on faire d'amusant ? Faire voltiger un cerf-volant !

Son origine est asiatique, ce que confirme l'étymologie la plus probable : son nom viendrait d'une déformation de « serpe (serpent) volant », faisant allusion aux dragons qui sont souvent représentés sur les exemplaires chinois du jeu.

Le modèle le plus simple, c'est celui que l'on voit dans tous les pays du monde, et notamment en Asie : deux petites baguettes de bois de récupération, un morceau de sac plastique ou de papier un peu fort, quelques points de colle ou des ligatures un peu plus solides. On ajoute à cela une très longue ficelle et c'est parti !

Mais la fabrication recèle tout de même quelques secrets, en particulier celui des justes proportions entre la largeura et la longueur, ou de l'équilibrage du poids… Au début, c'est difficile : on lance l'instrument aérien qui retombe lamentablement. Mais quelle excitation quand enfin, porté par un vent ascendant, l'objet virevolte et s'élève ! On tire et relâche la corde pour lui faire prendre de l'altitude, on court contre le vent pour donner à son vol plus de majesté. Il faut aussi dire que la décoration du cerf-volant peut occuper des heures de passe-temps : l'enfant a toujours à cœur de faire voir son cerf-volant de loin, avec de jolies décorations bariolées et parfois même de petits cercles de carton colorés passés dans la ficelle, qui montent tout du long au fur et à mesure que le cerf-volant s'élève. On les appelle les postillons ou les courriers.

Cet objet est plus sérieux qu'il n'en a l'air et a gagné ses lettres de noblesse historiques : c'est avec l'envol d'une sorte de cerf-volant métallique pendant un orage que Benjamin Franklin a confirmé son invention du paratonnerre !

Ajoutons enfin, pour rendre un complet hommage à cet objet, que, lors de la campagne d'Égypte, en 1798, des cerfs-volants ont servi à mesurer la hauteur de la colonne de Pompée : il suffisait d'en laisser monter un jusqu'à cette hauteur et de mesurer ensuite la longueur de fil…

PAGE DE GAUCHE : Les cerfs-volants peuvent donner lieu à de grands rassemblements les jours de vent. Chomo anglaise pour la *Gazette des enfants*, 1891.

PAGE DE GAUCHE : Sur la plage, on risque moins de se faire mal en retombant sur le sable et on devient très intrépide... 1961.

DOUBLE PAGE SUIVANTE : Une plage de guerre. Des enfants jouent à la guerre au bord de la mer. Dessin de Marco de Gastyne publié dans *La Baïonnette*, 15 août 1918.

SUR LA PLAGE

Pour les adultes, la plage, c'est le plaisir de ne rien faire, le fameux farniente : s'allonger, lézarder, bronzer, lire un peu et profiter du droit à la paresse… Mais les enfants ne l'entendent pas de cette oreille ! La plage, pour eux, c'est le sable, les cailloux, les coquillages, les vagues, l'eau, les poissons, les crabes, les crevettes ! En résumé, c'est la découverte d'un espace extraordinaire de variété, un champ d'expérience nouveau, le droit de se rouler par terre sans se salir et le bonheur de sauter et courir sans risquer de se faire mal en tombant…

Alors les jeux sont multiples et les activités réjouissantes. Sur la plage de sable, on va d'abord pouvoir faire des « pâtés » : un seau, une pelle, des moules de formes différentes (poisson, canard, étoile de mer…) et c'est parti ! Voilà, produits à la chaîne et soumis sans cesse à l'approbation obligatoire des parents, de petits tas de sable mouillé plus ou moins esthétiques. Avec de l'imagination, ils deviennent des gâteaux que maman fait semblant de déguster en ponctuant les compliments de « mmmm… » de satisfaction gustative. Il faut que le sable ne soit pas trop sec, mais il ne faut pas non plus qu'il soit dégoulinant. Pour cela, le mieux est de s'installer dans l'espace au bord de l'eau, où les vagues viennent mourir.

Si on reste un peu plus à l'arrière, près de ses parents, on a d'autres accessoires qui se prêtent, eux, au sable fin et sec : le tamis tout d'abord, image du tonneau des Danaïdes à l'échelle de petits enfants rêvant de passer toute la plage au peigne fin et remplissant inlassablement un petit seau qui n'est manifestement pas à la mesure de la tâche… Plus sophistiqué, le petit moulin : en faisant tomber le sable sur les pales, on fait tourner la roue, et on ne se lasse pas du spectacle. On recueille des petits galets, noirs, blancs, striés, brillants de mica, qu'on espère pouvoir rapporter à la maison. Mais ils sont toujours tellement plus ternes une fois qu'ils ont séché un peu… c'est bien décevant !

Les plus grands se lancent à plusieurs dans des tâches colossales, souvent aidés par papa : « On va faire un château ! » L'entreprise peut prendre des heures… Gare aux coups de soleil sur le dos des bâtisseurs de cathédrales éphémères ! On creuse des douves, on aimerait faire arriver l'eau de mer jusqu'au château fort, et c'est souvent là que tout se gâte : la mer entame la construction et l'érode. Ou bien encore un enfant envieux installé quelques mètres plus loin, dans un accès de jalousie, vient écraser de quelques gambades les tourelles qu'on avait patiemment érigées… On apprend le dépit.

NÉNETTE ET RINTINTIN
— Ben, alors on attendra longtemps, j'veux pas faire l'offensive !....
.... Et

- non ! je veux être le plus
beau grade !... je serai Foch !
- Non, c'est moi.
- Eh ben alors, y aura deux
toi, tu feras la victoire,
ac' que tu es la plus jolie !....

La SANTÉ par le SPORT

Pour finir, on va enterrer papa dans le sable ! Avec patience, alors qu'il est tranquillement allongé, on creuse un peu autour de ses jambes et on rapporte le sable sur lui pour l'enfouir. On tasse bien et on s'imagine qu'on l'a immobilisé pour de bon, qu'on en a fait une statue bien lisse et magnifique : il est impressionnant, papa, sous sa couche de sable ! Et d'un seul coup, lassé de l'immobilité, il se redresse et se débarrasse en un clin d'œil de toute la petite dune qu'on avait amassée.

Les adolescents ont passé l'âge des pâtés, mais ils ne sont pas encore assez fatigués pour simplement rester à paresser (sauf quelques jeunes filles, peut-être, qui soignent déjà leur bronzage). Alors, si l'étendue de plage le permet, on sort les jeux d'adresse. Le jokari d'autrefois, avec son socle lesté et sa balle retenue par un élastique, est un jeu bien pratique qui évite d'aller chercher la balle sur la serviette des autres vacanciers pas toujours contents d'être dérangés.

Autre grand classique des rivages dégagés : le Frisbee, inventé dans les années 1950 par des étudiants de l'université de Yale. Ces derniers ont commencé par se lancer sur le campus les moules à tartes jetables d'un traiteur du nom de… Frisbee ! En 1957, une firme californienne a mis au point une sorte de soucoupe volante aérodynamique sur ce modèle et a déposé le nom. Si la mode en est aujourd'hui un peu retombée, cela reste un des jeux les plus symboliques de la plage.

Il reste enfin pour les enfants tout un monde incroyable à explorer : la mer ! On découvre en se baignant (et grâce au principe d'Archimède, dont on n'a même pas idée) que la pesanteur ne s'exerce pas de la même façon que sur la terre ferme : malgré ses 80 kg, on peut porter papa dans l'eau ! On peut faire des cabrioles, des galipettes sous l'eau sans jamais craindre de se faire mal, si ce n'est sur un rocher sournois qu'on n'aura pas repéré. Mais attention, « boire la tasse » est vite arrivé. Les plus intrépides et aventureux s'équipent d'un masque et d'un tuba, de petits chaussons de bain ou de sandales transparentes en plastique, et ils partent explorer à la nage les anfractuosités des rochers. On croit avoir vu un beau coquillage au fond, on retient son souffle et on plonge ! Quel sentiment de liberté ! Même les plus maladroits sur le plancher des vaches deviennent des tritons et des naïades… Et de temps en temps, badigeonné au préa-lable de crème solaire, on a l'autorisation de louer un pédalo ou bien on part sur le bateau pneumatique pour réinventer la flibuste et l'heureux temps des corsaires…

PAGE DE GAUCHE : Dans les clubs de plage, on pratique toutes sortes d'activités sportives plutôt que de rester à bronzer… Vers 1930.

(5me Année) N° 6
DIX CENTIMES
6 FÉVRIER 1910
NOS LOISIRS

À LA NEIGE

Un matin des vacances de Noël, au réveil, l'enfant entend sa mère lui dire : « Lève-toi vite ! Il neige ! » En effet, par la vitre de la chambre, malgré la buée qui se forme et qu'on essuie d'un revers de main, on voit descendre du ciel des milliers de petits flocons blancs et, comme tous les enfants, on s'émerveille…

Mais, la neige, ce n'est pas seulement un spectacle magique pour enfant sage et contemplatif, c'est la promesse de sacrées parties avec les copains ! On s'emmitoufle, on accepte même sans trop rechigner de mettre des moufles qu'il faudra faire bien attention de ne pas perdre, une cagoule pourtant détestée, voire un sous-pull qui engonce, mais peu importe ! On sort et on sent la neige crisser sous les pas. Attention aux plaques de verglas ! Ça glisse un peu, mais il faut vite profiter de cette poudreuse, car on sait bien que l'on risque fort de patauger bientôt dans la gadoue qui salit tout…

On va commencer par faire un magnifique bonhomme de neige ! Il faut être plusieurs, peut-être même que l'aide d'un adulte pour ramasser la neige par pleines pelletées ne sera pas de trop si on veut qu'il ait de l'allure. C'est amusant, mais on se refroidit un peu en ne bougeant pas assez : on va faire une bataille de boules de neige ! La préparation des munitions est bien amusante, on ramasse une poignée, on la presse, on en rajoute encore. Les lancers, ce sont encore des rires garantis ! Mais, quand on les reçoit en plein visage, cette fois ce sont les larmes et les pleurs ! Les plus jeunes abandonnent vite s'ils sont trop malmenés. Ils vont alors

PAGE DE GAUCHE : Le bonhomme de neige. Illustration anonyme pour la couverture de *Nos loisirs*, 6 février 1910.

DOUBLE PAGE SUIVANTE : Un jour de neige au village. Panneau scolaire des éditions Rossignol, 1950-1958.

CAFE

PAGE DE DROITE : Pas besoin d'aller à la montagne pour connaître les joies de la glisse ! Voici deux fillettes faisant de la luge dans les escaliers du Sacré-Cœur à Montmarte, à Paris, en janvier 1954.

préférer les glissades sur la neige quand les pentes naturelles s'y prêtent.

Tous les ustensiles sont utilisables, le simple carton, le cageot, la planche de récupération, le vieux capot de voiture ! Au Canada, on appelle cela la « traîne sauvage » ou le tape-cul. Mais parfois aussi on a reçu en cadeau une vraie belle luge décorée qu'on est fier d'exhiber… Toutes les formes sont permises, en général avec deux grands patins. Dans les Aravis, comme dans d'autres vallées, on trouve des modèles à un seul patin qu'on dirige avec un manche et qu'on appelle des « parets ». Autrefois, quand il n'y avait pas encore de ramassage scolaire organisé, c'est avec ce moyen de transport que les enfants se rendaient l'hiver à l'école.

Quel plaisir de sentir le sol se dérober et l'embarcation prendre de la vitesse ! On se penche dans les virages pour ne pas sortir de piste, ça saute quand il y a une petite butte, alors il faut bien s'accrocher !

Pour se croire à la neige même quand il n'y en a pas, on peut aller à la patinoire. On tombe beaucoup, mais on progresse aussi ! On apprend à patiner à deux, en se tenant par la main. On est loin du patinage artistique de la télévision, mais on peut tout de même sentir le plaisir de la glisse et entendre le crissement de la glace.

Et quand on est à la montagne, la vraie, avec les pics et les glaciers au loin, on va sortir les raquettes pour une grande promenade familiale ou se lancer, comme les grands, sur de vrais skis. Là, c'est une autre aventure, plus sportive, qui commence déjà par la grande expérience du tire-fesses…

CRÉDITS DES ILLUSTRATIONS ET PHOTOGRAPHIES

p. 2, 98, 99B, 136 : © TopFoto/Roger-Viollet ; p. 4H, 28-29, 110-111, 170-171 : © Rossignol/Kharbine-Tapabor ; p. 4B, 12, 36, 64-65 : © Heritage Images/Leemage ; p. 5H, 106-107 : © Coll. Cheuva/Kharbine-Tapabor ; p. 5B, 35, 130-131 : © Delius/Leemage ; p. 6-7, 9, 26, 27, 38, 40B, 53, 57, 152, 163H, 163B : © Selva/Leemage ; p. 8, 11 : © Rue des Archives/OVRM ; p. 13H, 39H, 44H, 52H, 81H, 93H, 93B, 103H, 103B, 109B, 119B, 153B, 172B : Établissements A. Durenne, XIXe siècle, Manufacture française d'armes et cycles de Saint-Étienne ; p. 13B, 19, 20, 21H, 21B, 32H, 33, 34, 42, 45B, 48H, 48B, 49H, 49B, 54, 69, 76, 83, 88, 94-95, 105H, 119H, 120H, 120B, 121H, 121B, 122B, 142, 143H, 146H, 146B, 150H, 150B, 151H, 157, 160, 164-165, 167H, 167B, 168 : © Coll. Kharbine-Tapabor ; p. 14H, 15, 158 : © Photothèque Hachette ; p. 10B, 14B, 18H, 24, 25H, 31H, 32B, 37, 39B, 40H, 43H, 43B, 44B, 47H, 47B, 51H, 51B, 52B, 55H, 55B, 56H, 56B, 58, 59H, 59B, 60H, 60B, 63B, 63H, 67H, 67B, 68H, 68B, 72B, 75H, 89B, 109H, 112H, 115B, 124, 125H, 125B, 127H, 127B, 133H, 133B, 134H, 134B, 137B, 139H, 139B, 141H, 141B, 143B, 147H, 147B, 148H, 148B, 151B, 153H, 155H, 155B, 156H, 156B, 159H, 159B, 161H, 161B, 169B, 172H : © Librairie Hachette ; p. 16-17 : © A. Guillot/Photothèque Hachette ; p. 10H, 18BG, 25B : DR ; p. 22-23 : © Coll. Avant-Demain/Kharbine-Tapabor ; p. 30, 66, 78, 102, 108, 154 : © Roger-Viollet ; p. 31B : © R. Kriegel/Kharbine-Tapabor ; p. 34B : © Imagestate/Leemage ; p. 41, 62, 73, 132, 135, 138 : © Jean Pottier/Kharbine-Tapabor ; p. 45H : © IM/Kharbine-Tapabor ; p. 46 : © LAPI/Roger-Viollet ; p. 50, 90, 91B : © Coll. Grob/Kharbine-Tapabor ; p. 61 : © Rue des Archives/PVDE ; p. 70 : © Lebrecht/Leemage ; p. 71H, 72H, 74, 75B : © Bianchetti/Leemage ; p. 71B, 79B, 81B, 89H, 115H, 122H : © Hachette-Livre ; p. 77, 137H, 166 : © Coll. Jonas/Kharbine-Tapabor ; p. 79H : © Coll. du Conservatoire du Jeu de Boulogne (92) ; p. 80 : © Gérald Bloncourt/Rue des Archives ; p. 82, 123, 149 : RMN © Gérard Blot ; p. 84, 85B : © Coll. Hélion/Kharbine-Tapabor ; p. 85H : © Coll. Dixmier/Kharbine-Tapabor ; p. 86-87 : © Coll. NB/Kharbine-Tapabor ; p. 91H : © Coll. Sev/Kharbine-Tapabor ; p. 92 : © Marthelot/Leemage ; p. 96-97 : © Hasbro 2008. Tous droits réservés ; 99 : © 1935, 2008 Hasbro. Tous droits réservés ; p. 100-101 : © 2008, Dujardin ; p. 104, 105B : © Coll. Part./Kharbine-Tapabor ; p. 112 B : © Coll. particulière ; p. 113 : © Rue des Archives/CCI ; p. 114 : © Coll. Leemage ; p. 116-117 : © Ernest Roger/Roger-Viollet ; p. 118, 169H : © Coll. Perrin/Kharbine-Tapabor ; p. 126 : © Coll. Pierre Jahan/Roger-Viollet ; p. 128-129 : © Coll. Charles Hurault/Roger-Viollet ; p. 140 : © Photo Campiglia/Kharbine-Tapabor ; p. 144-145 : © Costa/Leemage ; p. 162, 173 : © Rue des Archives/AGIP.

RESPONSABLE ÉDITORIALE : Odile Perrard
ASSISTANTES D'ÉDITION :
Clara Engel et Laurence Beaux
Avec la collaboration de Sophie Boucher,
Baptiste Gacoin et Lucille Pachot
DIRECTRICE ARTISTIQUE : Nancy Dorking
CRÉATION GRAPHIQUE ET RÉALISATION :
Émeraude Nicolas et Maud Vincent
RELECTURE-CORRECTION : Catherine Lucchesi
ARCHIVES HACHETTE : Aldona Kucharska
PHOTOTHÈQUE HACHETTE : Sylvie Gabriel
FABRICATION : Amandine Sevestre

PHOTOGRAVURE : APS Chromostyle, à Tours
ACHEVÉ D'IMPRIMER EN ASIE
DÉPÔT LÉGAL : septembre 2008
ISBN : 978-2-84277-973-9
34/2075/9 - 01